Introduction to Polish Versification

INTRODUCTION TO POLISH VERSIFICATION

Mieczysław Giergielewicz

PHILADELPHIA
UNIVERSITY OF PENNSYLVANIA PRESS

Preface

〜〜〜〜〜〜〜〜

This book has been devised as a preparation for the study of Polish verse. It may help English-speaking people interested in Polish poetry to become acquainted with its prosody. The choice of problems and of the illustrative material used in this book was made not only in the light of theoretical considerations, but above all from observations of the real needs of American students. This was one of the reasons why versification was treated not as abstract knowledge but as a preamble to the communion with poetry. Wherever it was possible, a comparative approach was adopted and poetic documentation of the problems concerned was quoted.

Although some native types of Polish verse undoubtedly existed even in pre-Christian Poland, they were later thoroughly extirpated because of their association with the pagan tradition. Some relics of this poetry did survive in folklore; yet subsequent attempts to reconstitute the poetic prosody of the prehistoric period were futile.

In the fifteenth century when the influence of the Renaissance was felt, Polish versified texts were already quite abundant. The sixteenth century, called the Golden Age of Polish literature, produced some poetry of high artistic standards and established verse patterns valued and preserved by many generations. In the following centuries poetic crafts acquired further refinement and enjoyed immense prestige,

v

reaching their peak in the Romantic period. Versified works were often considered the greatest cultural achievement of the respective epochs.

Polish versification is determined basically by certain characteristics of the Polish language, but there have also been some external incentives instrumental in shaping the native prosody. In the early stage the role of Latin was of primary importance, because due to the connection with the Western Church, Poland belonged to the sphere of Latin influence. The structure of Latin medieval verse was based on the number of syllables, and this type of prosody was extended to Romance languages, notably French, Italian, Portuguese, and Spanish. A similar system prevailed in Polish poetry for several centuries with only minor modifications.

Since the Romantic period, several new verse systems have been adopted, and the application of different criteria of evaluation was a natural result. Thus, it would be misleading to judge the rhyming of the versifiers of early humanism or the modern poets by the rigid and sophisticated standards established by the classicist poets and their direct successors. There were also periods when stanza-making seemed to be one of the valuable skills required in verse writing; but occasionally the interest in the stanza petered out, and recently it has even been subjected to castigation.

It would be frustrating to seek in the prosody of Polish verse technique any consistent conformity. Features considered desirable in one period might be found inadequate in other epochs and vice versa. In order to do full justice to the achievements of individual authors, their poetry should be confronted with the conventions of the periods concerned. A historical perspective is therefore a prerequisite of adequate criticism.

In spite of all shifts, the basic continuity of Polish poetry has not been impaired. In contemporary poetry emphasis has shifted definitely from prosody to lexical elements; however, the modern Polish poets have not severed the links with their historical background. Certain aspects of the verse patterns introduced at the very beginning of Polish poetic lore are still acceptable. Others reappear occasionally as ingredients or allusions within the texture of modern poetic diction. Even the radical exponents of the avant-garde would not be properly understood if they were considered as detached phenomena isolated from the past. This compels not only the students of Polish literature but also general readers and lovers of poetry to acquaint themselves with the main ebbs and flows of versification.

The initial attempts to investigate Polish prosody took place in the second half of the eighteenth century; however, methodical research in this field did not start until recently. Kazimierz Wóycicki published his first pioneer studies shortly before the First World War. His efforts encouraged and inspired various scholars of the interwar period. In the last two decades a large-scale collective effort resulted in the publication of a number of exhaustive works dedicated to various aspects of Polish verse. Unfortunately their bulk serves to prevent their use by average foreign students.

In the writing of this book, the vocabulary presented some difficulty. I have compiled a Polish-English vocabulary in the hope that it will contribute to more ambitious undertakings of this kind in the international field. The bibliography includes only the selected publications. My hope is that it may serve as a partial acknowledgement of the achievements in the sphere concerned as well as an incentive for further studies. Some results of my own research are included in this volume.

My debt to many scholars whose painstaking and brilliant research made this book possible should be underscored, and I wish to assure them of my sincere gratitude. I also want to convey my thanks to the personnel of various libraries, above all the Bibliothèque Nationale in Paris, the Van Pelt Library at the University of Pennsylvania, and the Library of the Institute of Literary Research in Warsaw, for their indefatigable and kind assistance. Words of appreciation also go to the American Council of Learned Societies whose grant helped me to make a very constructive trip to Europe. Lastly, I thank Mrs. Jeannette Wermuth and the University of Pennsylvania Press for their devoted cooperation in editing the text.

M. G.

May, 1968

Contents

Introduction to Polish Versification

1

~~~~~~

Presyllabic and Syllabic Verse

1. Sentential verse

To assess medieval versification properly, one should remember that it was composed primarily for singing. Such was the function of isolated poems as well as of *tropi* and *sequences* inserted among the passages of the official church liturgy. The vocal delivery of their text was influenced by musical melodies.[1] The words and sentences were subject to changes in pronunciation that would be unnecessary if the poems were read or recited. One of the most common results of this was transaccentation.

For the listener music provided an additional distraction. The text could become more lucid if each line coinciding with a section of the melody was composed as a syntactic unit. Every line was a single sentence or a clause. If the lines were long, they could contain some internal interval—the *caesura*—which, however, was weaker than the pause dividing the verses (the *clausula*). The rhymes helped to safeguard cohesion and enhanced the flowing acoustic harmony of the text.

---

[1]The connection between verse and music existed also in ancient English writings. Recently Ruta Sikora scrutinized the medieval English songs preserved with their musical score and tried to establish their difference from the non-musical poems. Cf. "The Prosody of Medieval English Songs," in *Zeszyty Naukowe Uniwersytetu Jagiellońskiego*, CXII, *Prace Historyczno-Literackie*, Zeszyt 8 (Kraków, 1965), 95–101.

In such a "sentential" or syntactic system[2] an equal number of syllables in every line is not required. Typical heterosyllabism may be illustrated by a lament of the early fifteenth century:

	No. of syllables
O angele Gabriele,	8
gdzie jest ono twe wiesiele,	8
co żeś mi go obiecował tako barzo wiele,	14
a rzekący: Panno, pełna jeś miłości;	12
a ja pełna smutku i żałości,	10
spróchniało we mnie ciało i moje wszytki kości.	14

In this excerpt ("Żale Matki Boskiej pod krzyżem") the individual lines vary from 8 to 14 syllables. In some lines there is a tendency to introduce the caesura, e.g., it appears after the eighth syllable in the third line and after the seventh syllable in the last line. However, the use of this device is not consistent.

In addition to the graphic arrangement of the verses (underscored by rhyming), the sentential system is distinguished by the intonation resulting from the syntactic structure of the lines. The first part of the verse, usually preceding the caesura, must be pronounced in a rising voice. In the second part a lowering in tone follows. Such modulations of the auditory effects are known as *anticadenza* and *cadenza*, and their interrelation can be illustrated in a graphic way:

anticadenza   cadenza

A similar verse technique was adopted by various early Polish versifiers. One of them was the anonymous writer of

---

[2] The term "sentential verse," an equivalent of the Polish expression "wiersz zdaniowy," was introduced by Roman Jakobson in his "Studies in Comparative Metrics," *Selected Writings*, IV (The Hague and Paris, 1963), 455.

a love song, probably an enamored student from the end of the fifteenth century:

	No. of syllables
Przy tym, namilsza, nawiedzam zdrowie twoje,	12
A tobie też opowiedam swoje.	10
Toć na mię wie Pan Bóg z wysokości,	10
Iż ja ciebie miłuję z serdecznej miłości,	13
Tak iż też o tobie nie mogę przestać myślić we dnie i w nocy,	18
Dobrze ze mnie zdrowie nie wyleci.	10
Toć bych ja siebie nic nie żałował,	10
Bych sie jedno z tobą, moja namilsza, nagadał	14
I do wolej namiełował . . .	8

In the quoted passage the number of syllables in lines varies from 8 to 18. Several lines taken separately foreshadow the variations which eventually became prevalent in Polish poetry. As in "Żale Matki Boskiej," there is no general uniformity, and even the lines with the same number of syllables sound different because of the varied pattern of accents. In spite of systematic rhyming, such verses resemble prose.

The syntactic verse (known also in other Slavic languages) did not undergo any significant modifications comparable to the development of other verse systems.[3] In written works it could be found as late as the middle of the sixteenth century, e.g., it was introduced in the Polish translation of the play, *Judicium Paridis* (*The Judgment of Paris*), by Jocher (1542). As an illustration, a brief excerpt must suffice:

	No. of syllables
Raczcie, miły panie, siedzieć u stołu mojego,	14
A pożywać pokarmu niebieskiego.	11

[3] Roman Jakobson pointed out that the syntactic structure has been the most conservative element of Slavic languages (*op. cit.*, pp. 454–56).

Siedźcie, panie wielkiej cudności,   9
Będzieć wesele podług swej lubości.   11
Macie ku pożywaniu pokarmu rozmaitość   14
I gędców wielką stworność.   7
Przetoż smutek wszytek opuszczajcie,   10
A ku tańcom rozmaitym się gotujcie.   12
(Jocher, *The Judgment of Paris*)

Significantly syntactic verse appeared in an early drama. As a matter of fact, "Żale Matki Boskiej pod krzyżem" sounded also like a lyric fragment from an Easter play; and the quoted anonymous love letter could be interpreted as a kind of monologue. Later, similar verses were not uncommon in the prologues preceding popular dramas. In ballads syntactic verse was used primarily for recitations by characters who were expected to talk rather than sing. The large collection of folklore by Oskar Kolberg includes many samples of such rhymed oratory, e.g., the *recitativo* of the comic character of the performances held on Shrovetide:

Ja jestem Zapust, mantuańskie książę,
idę z dalekiego kraju,
gdzie psy ogonami szczekają,
ludzie gadają łokciami,
a jedzą uszami.
Słońce o zachodzie wschodzi, a o wschodzie zachodzi,
a kurczę kokosz rodzi,
każdy na opak gada,
a deszcz z ziemi do nieba pada![4]

Peasant weddings provided many opportunities for similar speeches, often of more serious content:

Sławetni Pan Młody i Panna Młoda, oddajcie ukłon wszystkiemu
ludowi zgromadzonemu,
a osobliwie swemu ojcu kochanemu.

[4]Oskar Kolberg, *Dzieła wszystkie, Krakowskie*, I, 5, 267.

Podzlękujcie za pięknc wychowanie,
a Bogu Najwyższemu i Boskiej Matce za szczęśliwe dnia
dziś doczekanie.

Oto proście ojca, matki serdecznie
o pozwolenie chętne
i błogosławieństwo święte,
żeby je wam dali
i pozwolili iść do Kościoła Bożego
i do Sakramentu Przenajświętszego,
i do poślubienia waszego drugiego
po drugie błogosławieństwo,
gdzie was Bóg i sługa jego zaprasza.[5]

The best-known shows using sentential verse were probably the Christmas plays performed in many parts of the country, as well as in the cities. Their prosodic manner was imitated by a few major prose writers whenever they wished to preserve the local coloring of these traditional performances. In poetry, however, the sentential technique in its original crude form was hardly productive.

2. Birth of isosyllabism

Although the heterosyllabic verse seemed to be one of the distinctive features of early medieval prosody, a tendency toward a more uniform verse structure became evident. It was apparent in "Pieśń o zamordowaniu Jędrzeja Tęczyńskiego," the only known Polish historical poem of the fifteenth century, in which longer lines prevailed:

	No. of syllables
A jacy to źli ludzie mieszczanie krakowianie,	14
Żeby pana swego, wielkiego chorągiewnego,	14
Zabiliście, chłopi, Andrzeja Tęczyńskiego,	13

[5]Kolberg, *op. cit.*, *Kujawy*, 3, 255.

Boże się go pożałuj, człowieka, dobrego,　　　　　13
Iże tak marnie szczedł od nierównia swojego!　　　13

Chciał ci królowi służyci, swą chorągiew mieci,　　14
A chłopi pogańbieli dali ji zabici,　　　　　　　　13
W kościele ci zabili: na tym Boga nie znali,　　　　13
Świętości nizacz nie mieli, kapłany poranili.　　　15
("Pieśń o zamordowaniu Jędrzeja Tęczyńskiego")

It is obvious at first glance that the length of lines varies within narrow limits. Five lines contain 13 syllables each: there are three 14-syllable lines and only one with 15 syllables. Practically all lines have a caesura. In two lines (4, 7) even the pattern of accents is similar. Every line demonstrates that the author has respected the sentential array. The introduction of internal rhymes complicates the texture and enhances rhythmic expressiveness.

The drive towards isosyllabism was even more pronounced in the poems where shorter lines prevailed. One of the equalizing factors could be the musical score; it probably accompanied the verse of the oldest known Polish carols (1424):

No. of
syllables

Zdrow bądź, krolu angielski,　　　　7
K nam na świat w ciele przyszły!　　7
Ty zaiste bóg skryty,　　　　　　　7
W święte, czyste ciało wlity.　　　　8
　Zdrow bądź, Stworzycielu　　　　6
　Wszelikiego stworzenia!　　　　　7
　Narodził się w ucirpieniu　　　　8
　Prze swego luda zaszczycenie.　　9
　Zdrow bądź, Panie, od Panny　　　7
　Jenż się narodził za ny,　　　　　7
　Od ojców z dawna pożądany!　　　9

Here more than half of the lines contain seven syllables. Nevertheless many lines are of other lengths. In view
of this, assumption that such discrepancies result from the
author's technical ineptness is hardly acceptable.

Some directive toward isosyllabism was provided by
Latin texts. One of the striking illustrations of this influence
was the adaptation of "Horae Canonicae Salvatoris," rendered into Polish at the beginning of the fifteenth century.
This is the first stanza of the original Latin:

> Patris sapientia, veritas divina,
> Christus Jesus captus est hora matutina,
> a suis discipulis et notis relictus,
> Judaeis est venditus, traditus, afflictus.

The Polish paraphrase, by an anonymous translator,
took over many significant features of the Latin alexandrine
with surprising skill and accuracy:

> Jezus Chrystus, Bóg człowiek, mądrość oćca swego,
> Po czwartkowej wieczerzy czasu jutrzennego,
> Gdy się modlił w ogrodzie Oćcu Bogu swemu,
> Zdradzon, jęt i wydan jest ludu żydowskiemu.

The Polish translator maintained the same number of
13 syllables in every line. He introduced a regular caesura
after the seventh syllable. He invariably placed an accent on
the penultimate syllable. Nevertheless, he did not try to
preserve the dactylic stress before the caesura which prevailed in the Latin text. The position of the stress before the
caesura varied:

$$\acute{-}\ \_\ \acute{-}\ \_\ \acute{-}\ \acute{-}\ \_\ \quad \acute{-}\ \_\ \acute{-}\ \_\ \acute{-}\ \_$$

$$\acute{-}\ \_\ \acute{-}\ \_\ \acute{-}\ \_\ \acute{-}\ \_\ \quad \acute{-}\ \_\ \_\ \acute{-}\ \_$$

$$\acute{-}\ \_\ \acute{-}\ \_\ \acute{-}\ \_\ \acute{-}\ \_\ \quad \acute{-}\ \_\ \_\ \acute{-}\ \_$$

$$\acute{-}\ \_\ \acute{-}\ \_\ \acute{-}\ \_\ \acute{-}\ \quad \acute{-}\ \_\ \_\ \_\ \acute{-}\ \_$$

The number of stresses also varied; in the quoted quatrain the stress appeared from 4 to 7 times in a single line. The signal success of the first adaptation of the Latin alexandrine indicated the skill of the translator; it also demonstrated that this particular verse pattern was compatible with natural potentialities of the Polish language and thereby established a valuable precedent.

Similar in many respects was the 11-syllable line introduced in Poland a century later. Both patterns soon attained great popularity and were used for various poetic purposes. However, the early samples of the 11-syllable line retained some traces of heterosyllabism. An example of this was the verse inserted in *Zbiór pieśni* by Hieronim Spiczyński (Wietor) published in 1522:

> Ten ci jest syn mój, krześcijanie mili,
> Któremuście sie ninie polubili;
> Iż żywot jego popisany macie,
> Proszę was, z radością go przywitajcie.
> Nie żądać po was nic więcej inego,
> Jeno bądźcie wdzięczni z dobrotliwego
> Nawiedzenia i wcielenia Pana swego,
> Jenże was wyrwał z rąk szatana złego,
> Krew wylał świętą dla ciebie, człowiecze,
> Abyć zgotował wiekuiste miesce,
> Gdzie królują anieli w wesołości
> Trójce świętej jedynej w obliczności . . .

> (H. Spiczyński, *Zbiór pieśni*)

$$\acute{-}\ \_\ \_\ \acute{-}\ \_\ \quad \_\ \_\ \acute{-}\ \_\ \acute{-}\ \_$$

$$\_\ \acute{-}\ \_\ \_\ \acute{-}\ \quad \acute{-}\ \_\ \_\ \_\ \acute{-}\ \_$$

```
_ ́ _ ́ _     _ _ ́ _ ́ _
́ _ ́ _ ́ _ (́) _ _ ́ _
_ ́ _ ́ _     ́ ́ _ _ ́ _
́ _ ́ _ ́ _ _ _ _ ́ _
_ _ ́ _ _ _ ́ _ ́ _ ́ _   (12 syllables)
́ _ _ ́ _     ́ _ _ ́ _
́ ́ _ ́ _     _ ́ _ _ ́ _
́ _ _ ́ _     _ _ ́ _ ́ _
_ _ ́ _ _ ́ _ _ _ ́ _
́ _ ́ _ ́ _ _ _ ́ _
```

The fragment, although written one hundred years later than "Horae," sounded less consistent. The principle of isosyllabism was violated once in the sixth line, which had 12 syllables. In a majority of lines there was a caesura following the fifth syllable, but in five cases this interval was blurred. The order of the stresses varied; the only syllable regularly accented was the penultimate one.

The caesura was one of the distinctive features of the early 13- and 11-syllable lines. In both cases it was placed before the sixth syllable preceding the clausula, and divided the respective lines in two unequal parts consisting of 7 + 6 or 5 + 6 syllables. The caesura could also occur in other lines consisting of eight syllables or more. When the number of syllables was even, it could split the lines in two symmetrical parts, producing sometimes an effect of monotony.

The position of the caesura may become a structural characteristic of the verse concerned. Its presence can be felt even if it does not coincide with the syntactic arrangement and seems to be blurred by other intervals. Its uniformity maintains the continuity of the rhythmic pattern and establishes the likeness of the lines. The displacement of the caesura may create a new variety of verse. Conscious application of this possibility began after the definite stabilization of the syllabic lines, with the habitual trochaic endings before the caesura and the clausula. Kochanowski made excellent use of it, and his example found followers among other versifiers. At first the variants resulting from the displacement of the caesura occurred in the 13-syllable verse; later they would appear in lines of different length. These modifications contributed towards versatility and rhythmic flexibility of the syllabic verse.

Eight-syllable lines were well known in medieval Latin, and they also became quite common in Czech poetry of the fourteenth century. They were foreshadowed in Poland by "Bogu rodzica," in which some lines consisted of 8 syllables. These 8-syllable lines gained prominence simultaneously with the syllabic 13-syllable alexandrine. "The Legend of St. Alexis" was composed in this particular type of verse. The quoted passage describes the family of the saint in Rome:

> W Rzymie jedno panię było
> Coż Bogu rado służyło. (. . .)
> Chował sieroty i wdowy,
> Dał im osobne trzy stoły;
> Za czwartym pielgrzymi jedli,
> Ci do Boga ji przywiedli.
> Eufamijan jemu dziano
> Wielikiemu temu panu,
> A żenie jego Aglijas;
> Ta była ubóstwu w czas.
> Byli wysokiego rodu,
> Nie mieli po sobie płodu;
> Więc ci jęli Boga prosić,
> Aby im jedno plemie dał.
> Bóg tych prośby jest wysłuchał.
> A gdy się im syn narodził,
> Ten się w lepsze przygodził;

Więc ci mu zdziano Aleksy,
Ten był oćca bardzo lepszy.
    ("Legenda o świętym Aleksym")

```
´  _  ´  _  ´  _  ´  _
_  ´  _  ´  _  _  ´  _
´  _  _  ´  _  _  ´  _
´  _  _  ´  _  ´  ´  _
_  ´  _  ´  _  ´  ´  _
´  _  ´  _  ´  _  ´  _
_  _  ´  _  ´  _  ´  _
_  _  ´  _  ´  _  ´  _
_  ´  _  ´  _  ´  _
´  _  ´  _  _  _  ´  _
´  _  _  _  _  ´  _  _
_  ´  _  _  ´  _  ´  _
´  _  ´  _  ´  _  ´  _
´  _  _  ´  _  ´  _  ´
´  _  _  _  _  _  _  _
_  _  ´  _  ´  _  _  _
´  _  ´  _  _  ´  _
´  _  _  ´  _  ´  _  ´
_  _  ´  _  ´  _
```

Only the tenth line, with 7 syllables, is heterosyllabic. The penultimate syllable is the only one regularly stressed, but in two verses of the quoted fragment the last syllable has an accent. Some lines consist of two equal parts of 4 syllables each divided by a caesura; others lack such symmetry.

Deviations from the prevailing number of syllables were characteristic of early Polish versification, and for this reason the medieval technique has been sometimes called "relative syllabism." There was a speculation that all medieval verses were basically asyllabic and that their harmony did not require an identical number of syllables in each line. Such an assumption ignored the obvious move toward syllabic uniformity.

3. Presyllabic wrangle

The percentage of deviations from the prevailing 8-syllable line in early versifications has been the subject of thorough research. J. Woronczak investigated from this point of view *Żywot Ezopa Fryga*, adapted by Biernat z Lublina (1522). His observations were summed up in a brief chart:

| In *Aesopus' Life:* | 3144 lines, | 210 deviations |
| In *Fables* : | 5732 lines, | 351 deviations |

It was calculated that in the entire volume over 6.3 per cent of the lines were irregular. Several theories were propounded to explain such blatant deviations. Woronczak[6] attributed them to the author's negligence in applying the accepted metric pattern. Dłuska[7] preferred to assume that the divergencies resulted from the authors' conscious efforts to be more impressive. She supported her statement by an ingenious analysis of several early texts. If Dłuska's comment were accepted, one would be tempted to ask the following question: Why did the more conscientious writers of the period of Humanism conform completely?

Brückner believed that the verses containing variant numbers of syllables resulted from arbitrary corrections made by copyists and printers. However, the existence of

---

[6]Jerzy Woronczak, "Z badań nad wierszem Biernata z Lublina." *Pamiętnik Literacki*, XLIX (1958), 107–108.

[7]Maria Dłuska, *Studia z historii i teorii wersyfikacji polskiej* (Kraków, 1948). I, 105–118.

certain works made such a reason rather improbable. The following may serve as an illustration:

	No. of syllables
Orzeł niegdy, lecąc z wysoka,	9
Wziął z stada małego baranka:	9
Ujrzawszy to kruk, wnet sie wzbudził,	9
Na starego sie barana rzucił.	10
I wrzepił mu paznokty w runo,	9
Chcąc z nim wzlecieć barzo bujno:	8
Ale, gdy zeń siły nie miał,	8
Vwadziwszy się, na nim ostał.	8
Widząc chłop, k nie(m)u przybieżał,	8
A pierze mu z skrzydeł obrzezał	8
I doniósł go do swych dzieci:	8
Igrajcie z nim, boć nie wzleci!	8
Potem niekto kruka spytał,	8
Którym by się ptakiem mniemał:	8
Myślam—pry—był niegdy orłem,	8
A teraz sie już znam krukiem.	8
Bo kto nad siły mocuje,	8
Rychłą w tym szkodę poczuje:	8
Nie uczyni nic swym zyskiem,	8
Będzie wszytkim pośmiewiskiem.[8]	8

(Biernat z Lublina, "Siłam nie dufaj.")

It would be difficult to believe that the larger number of syllables in the first five lines was due to oversight or error. They sound natural, consist of simple words, and would not readily lend themselves to misinterpretation. In this particular instance one is tempted to ascribe the longer lines to the conscious intent.

[8] Quoted from Stefan Wierczyński (ed.), *Wybór tekstów staropolskich* (Warszawa, 1950), p. 317.

J. Krzyżanowski attributed various characteristics of early poetry to the lasting influence of music. It was his belief that for some time practically all versified texts were sung, and this habit, lasting until the middle of the sixteenth century, created more tolerance toward irregularities of the meter which would become more disturbing if the texts were recited.[9] Whatever the basic reason for the discrepancies, the writers could take advantage of the tolerance.

The accents could be placed on almost every syllable of any line. In the 8-syllable lines the least often stressed were the sixth syllable and the last one, in view of the usual penultimate stress at the end of every line. In "Legenda o świętym Aleksym" the stresses were distributed in the following way:

1st syllable—69.90%
2nd syllable—32.69%
3rd syllable—39.29%
4th syllable—38.05%
5th syllable—56.63%
6th syllable—7.90%
7th syllable—90.20%
8th syllable—8.80%

The last two figures demonstrate that in 1 per cent of the lines there is no accent on either the last or the penultimate syllable. In such instances the clausula is preceded by some proparoxytonic combinations, e.g., the reflexive verbs with *się* or the subjunctive mood.

The use of regular syllabism marked the transition from the medieval era to sixteenth-century Humanism. The evolutionary process was gradual because it was difficult to obliterate patterns of the past. Some word combinations established by literary tradition had to disappear if a uniform standard of prosody with the inherent elements of smoothness and elegance was to be established.

[9]Julian Krzyżanowski, *Nauka o literaturze* (Wrocław, 1966), pp. 169–170.

Mikołaj Rej (1505-1569) was a versifier of the interim period. In his *Krótka rozprawa miedzy trzema osobami: panem, wójtem i plebanem* (1543), 1.2 per cent of the lines did not contain eight syllables. Versification by his contemporaries seemed to depend on their personal preferences. Some poems written in the middle of the sixteenth-century consisted of relatively uniform syllabic lines while others abounded in "inaccuracies."

Another significant feature of the interim period was coordination of the syntactic structure with the verse patterns. In most cases the lines coincided with the clauses or their definitely outlined parts, and the caesura signaled the shift from the anticadenza to the cadenza. This general trend was reminiscent of the sentential system, but as syntactic structure was more emphatically stressed by the growing regularity of the verse, some monotony was inevitable. The prevailing tendency was inimical to any conflict between syntactic intonation and the organization of the verse. The cumulative effect of the accord between syntax and verse could often be observed in the works of Rej. In the following excerpt from *Wizerunk* (1558) he delineated the vision of the King of Greed:

Poźrzał potem na zachód młodzieniec ubogi,
Uźrzał zasię rozliczne zamieszania trwogi:
Ano jeden drugiemu worki wydzierają,
Srebro, złoto, kamienie dziwno sie mieszają.
Między nimi pan siedzi: psia głowa u niego,
A kędy sie obeźrzy, warczy na każdego.
Na łańcuchu przybity do mocnego stołka,
Tak sie jedno obraca, by cielę u kołka,
Poglądając tu na świat jakoby wilk marnie,
A czego gdzie dosięże, to do siebie garnie.
Łapy by u niedźwiedzia z paznogty ostremi,
A co w którą uchwyci, już mu nie wydrzemy!
   (M. Rej, *Wizerunk*)

Every line constitutes a complete syntactic unit. The diction remains curiously uniform, even though the suggested image would justify some disarray of normal speech. The caesura often coincides with some punctuation mark emphasizing the interdependence of verse and syntax. Only occasionally does Rej abandon this habitual scheme to transfer part of the sentence into the following line or introduce an additional interval:

> Tyś jest Bóg nieskończony, a w Twojej opiece
> Każda sprawa zależy tu, na wszytkim świecie.

Here the beginning of a sentence appears in the first line and the continuation is suspended by a clausula; in the second line the comma is inserted after the syllable following the caesura.

4. Triumph of syllabism

The climate of Humanism swept writers with a whirlwind of conflicting ideas, images, and emotions. At the same time these artists yearned for esthetic harmony, which they discovered in the works of the ancient masters. In versification these conflicting aspirations seemed to produce two opposing tendencies. Isosyllabic verse became the dominant feature of prosody, and the principle of paroxytonic endings at the end of lines was firmly enthroned. In this way poetry acquired formal polish and luster.[10] On the other hand, the leading poets, while accepting uniform structure of the verses, continuously tried to revitalize them.

The outstanding exponent of isosyllabism was Jan Kochanowski (1530–1584). He excluded completely all heterosyllabic discrepancies tolerated by his predecessors. How-

---

[10]Trochaic rhyming prevailed also in Italian and Spanish poetry, although in both of these languages there are a number of polysyllabic words with an oxytonic or proparoxytonic accent.

ever, he recognized the value of the interplay between the verse pattern and the syntactic structure. He did not hesitate to separate a noun from its adjective by a clausula; this was evident even in his *Fraszki* written in a lighter mood:

> Wysokie góry i odziane lasy!
> Jako rad na was patrzę, a swe czasy
> Młodsze wspominam, które tu zostały,
> Kiedy na statek człowiek mało dbały!
>   (J. Kochanowski, *Fraszki*)

In the second line a revised treatment of the caesura is also demonstrated; it is considerably weakened, and the main pause is inserted not after the fifth syllable but after the seventh one at the comma.

Such a device plays an even more conspicuous role when the poet wishes to express some emotional shock. Among *Treny* (Laments), written after the death of Kochanowski's beloved daughter, the fifth lament stresses with run-on lines an interplay between the descriptive and lyrical components:

> Jako oliwka mała pod zielonym sadem
> Idzie z ziemie ku górze macierzyńskim śladem,
> Jeszcze ani gałązek, ani listków rodząc,
> Sama tylko dopiro szczupłym prątkiem wschodząc,
> Tę jeśli ostre ciernie lub rodne pokrzywy →
> ← Uprzątając, sadownik podciął ukwapliwy,
> Mdleje zaraz, a zbywszy siły przyrodzonej
> Upada przed nogami matki ulubionej,
> Tak ci się mej namilszej Orszuli dostało:
> Przed oczyma rodziców swoich rostąc, mało →
> → Co od ziemie odrósłszy, duchem zaraźliwym →
> → Srogiej śmierci otchniona, rodzicom troskliwym →
> → U nóg martwa upadła. O zła Persefono,
> Mogłażeś tak wiele łzam dać upłynąć płono?
>   (J. Kochanowski, *Treny*)

The arrows indicate the clausulas separating the parts of the clauses from the words to which they are directly subordinated. Such run-on lines (enjambments) appear in five instances—in a poem consisting of fourteen lines. Moreover, the first nine lines are constructed as one complex sentence; such a syntactic achievement exhibits a definite divergence from sentential verse. In one instance the poet cuts off the particle "co" from the adjective "mało" to which it belongs.

Another innovation of this period of Humanism was a more conscious treatment of the caesura. Earlier versifiers usually used it in syntactic division without exploiting it for other purposes. Kochanowski gave it an additional function —that of underscoring the most essential elements of the content. From this point of view its role became comparable to the clausula. One of Kochanowski's favorite techniques was to construe a parallel confrontation of two interrelated words before the caesura and at the end of the line. A witty example of this was the "trifle" (facetious verse) "Do Hanny":

> Na palcu masz *diament,* w sercu twardy *krzemień:*
> Pierścień mi, Hanno, *dajesz*—już i serce *przemień.*
> (J. Kochanowski, "Do Hanny")

This effect was produced even more distinctly in the "trifle" "Do gościa":

> Gościu, tak, *jakoś począł,* już *do końca czytaj,*
> A jeśli *nie rozumiesz,* i mnie się *nie pytaj.*
> Onać to *część kazania, część niepospolita,*
> *Słuchaczom niepojęta, kaznodziei skryta.*
> (J. Kochanowski, "Do gościa")

Here such treatment of the caesura and the clausula contributed to the clear-cut presentation of the subject. It also accentuated the emotional messages. In the first lines of Kochanowski's elegy written after the Tatar invasion the caesura appeared at the very start:

Wieczna sromota i nienagrodzona
Szkoda, Polaku! Ziemia spustoszona
Podolska leży, a pohaniec sprosny,
Nad Niestrem siedząc, dzieli łup żałosny.
(J. Kochanowski, "Pieśń o spustoszeniu Podola")

The interplay between intonation of the verse and its rhythmic pattern resulted in a new adaptability and an efficiency of poetic diction. Kochanowski used this particular technique sparingly.

Following Kochanowski's example, other poets excluded oxytonic words from the final position for the sake of paroxytona. This rule was applied to all types of lines and stanzas. Oxytona survived in a few songs preserved among the writings of the burghers. On the other hand the penultimate stress before the caesura, although widely used, was not considered a rigid requirement. As a matter of fact, the poets of the sixteenth century occasionally placed in this position stressed one-syllable words or even proparoxytonic combinations. In the narrative poem *Szachy*, paraphrased by Kochanowski from the text of Vida, such variations amounted to 5.4 per cent; in his *Songs* their proportion grew to almost 10 per cent.[11] In this way the normal interval corresponding to the caesura was sometimes blurred, and poetic diction became more colloquial:

Odmawiać mu się dalej nie godziło   (line 46)

A kogo by tak zły człowiek nie zdradził!   (236)

On jakoby się w tym był nie obaczył   (289)

Tusząc, że mu jej obronić nie mieli   (306)

[11]Cf. Kazimierz Budzyk, "Polskie systemy wersyfikacyjne," in *Stylistyka, poetyka, teoria literatury* (Wrocław, 1966), p. 130.

I trupów tych, co na placu polegli   (364)

Na hetmańskie sie naciskać namioty   (431)
    (J. Kochanowski, *Szachy*)

The replacement of the normal paroxytona by an oxytonic word could also be exploited when it was necessary to concentrate on the more meaningful elements of the clauses concerned. The normal effect of the caesura was accordingly strengthened.

    Zdrady nie da znać, wnet po tym żałuje,
    Jakoby złe szedł . . . .   (lines 233–34)

    Tym natarł na huf, a nikt go nie broni   (238)

    Do sądnego dnia gra by trwać musiała   (248)

    Czymeś tknął, tym jedź, tak starzy chodzili   (258)

    To było tej gry sławne dokonanie   (591)
    (J. Kochanowski, *Szachy*)

The contributions of Kochanowski, and to a certain extent those of his contemporaries, consolidated and enhanced the vitality of the syllabic system. Besides the popular varieties, other diversified patterns of syllabic verse gained recognition; more experimentation was accepted in poetry. Kochanowski himself distinguished in his works between the two types of the 13-syllable lines: the traditional one with the caesura after the seventh syllable (7 + 6) and the revised one (8 + 5):

    Ucieszna śpiewaczko moja, Safo słowieńska,
    Na którą nie tylko moja cząstka ziemieńska,
    Ale i lutnia dziedzicznym prawem spaść miała:
    Tęś nadzieję już po sobie okazowała,
    Nowe piosnki sobie tworząc, nie zamykając
    Ustek nigdy, ale cały dzień prześpiewając,
    Jako więc lichy słowiczek w krzaku zielonym
    Całą noc prześpiewa gardłkiem swym ucieszonym.

´ — — ´ — ´ —   ´ — — — ´ —
— ´ — — ´ — ´ —   ´ — — — ´ —
´ — — ´ — — ´ —   ´ — — ´ ´ —
´ — ´ — ´ — ´ —   — — — — ´ —
´ — ´ — ´ — ´ —   — — — — ´ —
´ — ´ — ´ — ´ —   — — — — ´ —
´ — — ´ — — ´ —   ´ — — ´ —
´ — ´ — ´ — ´ —   ´ — — ´ —

The three different varieties of the 11-syllable line were also in use. In the past, when accents were undetermined and the caesuras uncertain, such ramification was practically impossible, as the number of syllables was the only distinctive feature of the verses.

The enriched rhythmic polyphony of syllabic verse required more extensive consideration of all elements concerned and prevented a mechanical repetition of uniform verse patterns. Conscious artistry was felt in the sonnets of Stanisław Sęp Szarzyński (1551–1581), a poet of fine esthetic sense striving to express the tension of his intellectual and emotional perplexity:

> Ehej! Jak gwałtem obrotne obłoki
> I tytan prędki lotne czasy pędzą!
> A chciwa może odciąć rozkosz nędzą
> Śmierć—tuż za nami spore czyni kroki!
> (M. Sęp Szarzyński, "O krótkości i niepewności na
> świecie żywota ludzkiego")

The poets of the seventeenth century took over the verse technique of Kochanowski with all its advantages. Their productivity was impressive. The verses excelled in fluency and swing but usually lacked the moderation and harmony of the period of the Renaissance. Such is, as, for example, the description of the crowning of the monarch:

Toż przyszedłszy przed ołtarz, gdzie owe to złożą
Sprzęty drogie, osobę arcybiskup bożą
Na się wziąwszy, gdy i tu oddanej przysięgi
Wspomni mu kondycyje, z kosztownej się księgi
Modląc nad nim, żeby to skutkiem ziścił samym,
Co usty ofiarował, pomaże balsamem
Głowę mu uniżoną i ostry do boku
Miecz przypasze. Dopiero jakoby w obłoku
Niebieskim ochyniony i postać na sobie
Miał nie ludzką. Skronie wtem obłapiwszy obie
Drogą włożył koronę, w prawą rękę przy tym
Poda sceptrum, a w lewą z jabłkiem złotolitym
Wszystkiej świat Sarmacyi. W którym tak ubierze
Przy Najświętszej nie wznosząc z ziemi się Ofierze,
Chleb i wino podawał ofiarującemu. . . .
     (S. Twardowski, *Władysław IV*)

In this passage there are many rambling lines, often punctuation and caesuras conflict; the result is a loosely connected, confused sequence lacking compactness. Frequent disregard of the verse structure for the sake of unrestrained syntactic fluency may become tiresome. It is worth noting that the quoted excerpt was taken from an epic poem of 11,000 lines. In certain cases, Twardowski's method is artistically justified. The following passage describes neatly a young girl's hesitation to reveal her secret love:

Tylkoż jej przed oczyma stoi
Urodziwy Oliwer. O! czegoż nie roi
Sobie o nim! o! jakich imprez nie buduje,
Żeby naprzód (w czym trudność wielką upatruje)
Zhydzić mu Korneliją, a skłonić ku sobie
(Ponieważ go pospołu mieć nie mogły obie),
Do czego ma jako przyjść, jeśli się wkorzenił
W serce jej tak głęboko? i, żeby odmienił,
Kto jej za to zaręczy? a ona go próżno
Kochać będzie? I inne nieskończone różno
Myśli ją porywają. Już to raz koniecznie

Postanowi u siebie, żeby mu bezpiecznie
Przyjaźń swoję otworzyć i zajęty wydać
W sobie ogień, raz znowu musi się tej wstydać
Rady swojej źle zdrowej; bo cóż by inszego,
Jedno sławę, nad którą nic kosztowniejszego,
Przez to stracić? Chce—nie chce—i pragnie—i nie wie,
Co ma czynić. . . .
      (S. Twardowski, *Nadobna Paskwalina*)

However, versifiers indulged in excessive embroilments without esthetic justification and turned structural complexity of verse into annoying mannerism. This observation applies even to the leading poets of the generation (including Wacław Potocki).

5. The Classicist contribution

As could be assumed, the poets of "enlightened" Classicism of the eighteenth and early nineteenth century did not approve of the disorderly laxity of their predecessors. As a matter of principle, they assumed that the syntactic and rhythmic patterns of the verse should be coordinated. This basic assumption resulted in a more respectful treatment of the clausula and the caesura. Their role, instead of being neglected or even ignored, was to be reconciled with the syntactic arrangement.

In most cases the Classicists endeavored to enclose in every line a compact syntactic unit. Moreover, they extended this requirement to rhymed pairs of lines. They also avoided end-stopped and run-on lines. To enhance the cohesion of each line, they liked to place before the caesura a word referring to the last link of the line; an example of this may be seen here:

Miła oku, a *licznym* rozżywiona *płodem*,
Witaj, kraino, *mlekiem* płynąca i *miodem*.
    (St. Trembecki, *Sofiówka*)

In this way the contrast between the cadenza and anti-cadenza could be made more pronounced. Another important rule was avoidance of sameness. Some of these recommendations were formulated explicitly by A. Feliński, poet and playwright, who was also a professor of literature and became one of the leading exponents of Classicist versification:

"(Krasicki) not only abolished the frequent leaps from one line to another which usually (except in rare instances when the poet pursued a definite and distinct objective) deprived the lines of all charm and turned them into lame and boring prose; moreover, to avoid monotony, he followed the French models and introduced the most clever device, namely, he suspended the content and interrupted it in the middle of the line, or else he enclosed it in one, three, or five lines."[12]

The technique Feliński advocated involved the placement of the essential words of the respective lines in the most prominent structural positions—at the beginning and immediately before the caesura or the clausula. Krasicki excelled in parallel treatment of two sections of a line divided by the caesura. He did not abuse this method, but it appeared time and again in strategic points of his aphoristic *Fables*, which consequently acquired effectiveness and precision:

> Lepsze *mądrych dziwactwo*, niż *głupich pieszczoty.*
> ("Motyl i chrząszcz")
> Nie ten dobry, co *błyszczy*, ale ten, co *kupi.*
> ("Worki")
> Lepsza *zwada na dworze*, niż *zgoda za kratą.*
> ("Szczygieł i kos")
> Piotr malował *podobne*, Jan *piękniejsze* twarze.
> ("Malarze")

---

[12] Alojzy Feliński, "O wierszowaniu," *Dzieła*, II (1840), 203–04.

Pierwej niżeli *biegać,* nauczcie się *chodzić.*
  ("Dwa żółwie")
Płakał ojciec, że *stary,* płakał syn, że *młody.*
  ("Syn i ojciec")
Chudy, gdy był *grzesznikiem,* utył *na pokucie.*
  ("Wilk pokutujący")
Zna każdy, co *pochodnia;* zna każdy, co *świeczka.*
  ("Pochodnia i świeca")

Naturally similar examples could be occasionally found
in earlier works, but they were infrequent. The Classicists
emphasized explicitly the growing reverence for the intrin-
sic structure of syllabic verse. Krasicki introduced the same
device in his longer works, as, for example, in some of the
satires:

Chciałbym i ja też *urość:* cóż, kiedy nie *kradnę.*
  (I. Krasicki, "Wziętość")

Możesz LUDZI *omamić,* BOGA nie *oszukasz.*
  (I. Krasicki, "Złość ukryta i jawna")

I płakać wam NIE WOLNO, *mówić* JESZCZE GORZEJ.
  (I. Krasicki, "Pan nie wart sługi")

Rzym cnotliwy ZWYCIĘŻYŁ, *Rzym występny* ZGINĄŁ.
  (I. Krasicki, "Świat zepsuty")

The approach of the Classicists to versification required
conscious consideration of many incongruous elements, and
the poets felt committed to prolonged and laborious endeavor. Feliński worked on his only tragedy, *Barbara Radziwiłłówna,* for many years before he decided to make it
available to the public. As a matter of fact, this work was
not the most shining demonstration of Classicist verse writing. The author himself conceded that the general principles
of verse were not applicable in the drama. In order to
achieve naturalness and power of poetic diction, playwrights

were allowed some liberties. In spite of this reservation confirmed by Feliński, the speeches in *Barbara Radziwiłłówna* could be regarded as representative samples of the Classicist syllabic verse, with its typical reappraisal of the caesura and the clausula:

> Tarnowski.
> Gorliwości mej, *królu,* doświadczysz w potrzebie,
> Nie lękaj się, bym *ofiar* wymagał od ciebie,
> Jakich by *dobro ludu i Augusta chwała*
> Niekoniecznie po *sercu* twoim wymagała.
> Mniej się jeszcze spodziewaj mego pobłażania.
> Barbara jest twą *żoną,* jest godną kochania.
> Gdyby jednak te *związki* być miały powodem
> Wojny *ziomków z ziomkami i króla z narodem,*
> Gdyby ciebie *Polacy* znaglać mieli śmiałość . . .
>   (A. Feliński, *Barbara Radziwiłłówna,* Act II)

Sporadic divergencies between the syntax and the verse pattern in this passage indicates clearly that the playwright wishes to avoid monotony of diction. On the other hand the speech has nothing in common with the carefree ebullience of the Baroque writers. The placement of the words preceding the caesuras and the clausulas is far from being casual or inadvertent.

Flexible application of the Classicist theory of verse in the drama culminated in comedies, where the dialogue was expected to be animated and entertaining. The exchanges of verbal thrusts often resulted in the dismemberment of the lines into several fragments. In such instances the verse safeguarded the rhythmic cohesion of the text. This technique reached its peak in the comedies of Alexander Fredro (1793–1876), whose finest works were written and performed at the same time as the poems of Mickiewicz, but whose versification was closer to the Classicist tradition:

> GUSTAW. A, stryjaszek! Dzień dobry!
> RADOST.   Witamy z podróży.

GUSTAW. Już wstałeś?
RADOST.   Jeszcześ nie spał?
GUSTAW.   Dość czasu.
RADOST.   ·   Dzień duży.
    (A. Fredro, *Śluby panieńskie*, Act I)

6. Mickiewicz and other Romanticists

The early poems of Mickiewicz were written under the influence of Classicism. As a student he wrote a flattering analysis of the descriptive poem *Sofiówka* by Trembecki, valued as the masterpiece of Classicist verse technique. Soon, however, he became aware of the paramount significance of naturalness in poetic diction, and his subsequent poetry was free of any preconceived rigid uniformity. If his objective required extraordinary means, he was prepared to part not only with the established verse standards but even with some esthetic principles. He demonstrated this flexibility in a convincing way in his epic poem *Pan Tadeusz*. Although the accepted tradition of this literary genre, of which the poet was well aware, suggested the use of regular, fluent epic rhythm, he reduced some alexandrines to mere fragments:

> Uciekłem z kraju . . .
> Gdziem nie był, com nie cierpiał!

> Aż Bóg raczył lekarstwo jedyne objawić.
> Poprawić się potrzeba było i naprawić
> Ile możności to . . .
>   (A. Mickiewicz, *Pan Tadeusz*)

Mickiewicz introduced enjambments moderately and with a definite esthetic purpose. Sometimes they helped to heighten the impact of the essential words in a line. This objective guided the poet in the powerful lines of his poem:

Gdzie wy teraz? Szlachetna szyja Rylejewa,
Którąm jak bratnią ściskał, *carskimi wyroki*
Wisi, do hańbiącego przywiązana drzewa.
Klątwa ludom, co swoje mordują proroki!
(A. Mickiewicz, "Do przyjaciół Moskali")

On the other hand, the weakening of the caesura and
the clausula was helpful in establishing the mood of casual
conversational speech contrasting with formal rigidity:

Jedno słowo Stolnika, jakże byśmy byli
Szczęśliwi! Kto wie, może dotąd byśmy żyli,
Może i on przy swoim kochanym dziecięciu,
Przy swojej pięknej Ewie, przy swym wdzięcznym zięciu
Zestarzałby spokojny! Może wnuki swoje
Kołysałby! teraz co? Nas zgubił oboje,
I sam—i to zabójstwo—i wszystkie następstwa
Tej zbrodni, wszystkie moje biedy i przestępstwa! . . .
(A. Mickiewicz, *Pan Tadeusz,* X.)

Mickiewicz' contribution to syllabic verse was of outstanding value. He demonstrated its adaptability to different
artistic requirements, and he succeeded in breaking the
established domination of its formal features for the sake
of effective poetic expressiveness. He revitalized the system,
which maintained its vigor for many decades. Mickiewicz,
whose early poetry was patterned by some of the techniques
recommended by the Classicists, manipulated the elements
of verse with conscious deliberation. He usually reconciled
syntax and verse formation, unless some specific purposes
impelled him to do otherwise.

Juliusz Słowacki (1809–1849) felt less bound by the
tradition, and even in his early poems indulged in outbursts
blending the elements of rhythmic texture. In several lines
of the introductory passage of the narrative poem *Godzina
myśli* (An Hour of Meditation [1832]), the caesura loses its
rhythmic significance:

Głuche cierpiących jęki, śmiech ludzki nieszczery
Są hymnem tego świata—a ten hymn posępny,
Zbłąkanymi głosami wiecznie wniebowstępny,
Wpada między *grające przed Jehową sfery*
Jak dźwięk niesfornej struny. Ziemia ta przeklęta,
Co nas *takim piastunki śpiewem* w sen kołysze.
Szczęśliwy, kto się w *ciemnych marzeń* zamknął ciszę,
Kto ma sny i *o chwilach prześnionych* pamięta.
 (J. Słowacki, *Godzina myśli*)

The paroxytonic endings appear invariably at the end of the traditional 13- and 11-syllable lines. This is not the case before the caesura. Mickiewicz inserts here the oxytona or even proparoxytona; in this way he emphasizes various moods:

Tadeusz przyglądał *się* nieznanej osobie

Wyszedł zmieszany *i czuł,* że mu serce biło
 (A. Mickiewicz, *Pan Tadeusz*)

Słowacki puts the caesura after the oxytona in rhymed as well as unrhymed verse in the tragedy *Lilla Weneda:*

W niezawiązanej przychodzę koszuli,
Nie niosę chleba, nie mam nic przy sobie,
Lecz wy mnie puśćcie do ojca mojego,
Który *od dwóch dni* jest morzony głodem.

O Pani! *spuść ty* ze swojej srogości!

O! jeśli *tak jest,* to weź go za ojca

O! Proszę *ja was,* każcie wy mnie wpuścić
 (J. Słowacki, *Lilla Weneda*)

It was sometimes suggested[13] that increased use of this type of effects originated from Słowacki's respect for the

---

[13] J. Krzyżanowski, *op. cit.,* p. 163.

early poets, Jan and Piotr Kochanowski; however, this habit was not unknown to other Romantic poets. Such treatment of the caesura certainly increased the suppleness of the system, and there was no reason to consider it superfluous. Słowacki applied it in his narrative poems, and it appeared time and again in the epic poem, *Beniowski*, conceived as a display of virtuosity:

Widywała *się* ze swoim Zbigniewem

Jest ex *machina* Deus—w kształcie wiedźmy

Co dziś *byłoby* wielkim uchybieniem

Nie dbał—*wolałby* mieć wioskę i teścia

Sprawiła, *że był* srodze zakochany

Zamek *jego stał* nad rzeczką Ladawą

Każdy z nas *miał kraj* młodości szczęśliwy

I leciał *jak wiatr*, patrząc w bladą maskę

A tu jak *na złość* dla Dzieduszyckiego

Myślałam, *że ty* w tej smutnej kolei

Zniżył się i *pękł* jak pęknięcie struny
　　　　(J. Słowacki, *Beniowski*)

In some lines of Słowacki's poetry the sequence of words made the habitual caesura so inconspicuous that it practically vanished. Such an effect was more pronounced if other intervals were signaled by punctuation marks:

I słyszy—*że nie jak wieszcz* lub astronom

Kołysząc się *na giętkiej* stopie—strzelna

Bo na tym *pieśń zakończę* i ogłoszę

Że bańka *się od gazowego* skrzydła

Na skale—*a pod skałą* staw był wielki
　　　　(J. Słowacki, *Beniowski*)

The number of this kind of lines in *Beniowski* was surprisingly large—it amounted to 11 per cent of all lines. Such
unorthodoxy could hardly have resulted from mere imita-
tion of old masters. It was more probable that in this way
the poet was reacting against the rigidity of syllabic verse
and seeking means of increasing its rhythmic variety. His
successors were usually more cautious. It may be noted that
the whole poetic heritage of Jan Lechoń (1899–1956) did not
contain a single instance of the unorthodox caesura.

With Mickiewicz and Słowacki, the regular syllabic
verse, most frequently represented by 13- and 11-syllable
lines, reached full maturity. It still remained explicitly
defined: the number of syllables in the lines was unalter-
able, the clausula was preceded by a trochaic ending, and
the same requirement was also usually extended to the syllables preceding the caesura. However, various devices
helped to avoid monotony and enhanced the suppleness of
the verse:

1. Varied and elastic distribution of accents.

2. Accents that varied in number in the 13-syllable line
from 4 to 7, resulting in the interchange of rhythmic combinations.

3. Optional introduction of oxytonic or proparoxytonic
stress before the caesura.

4. Occasional elimination of the caesura (or at least its
weakening).

5. Possible insertion of additional intervals (with or
without punctuation marks), complicating and enriching the
rhythmic patterns of the lines concerned.

6. In drama, flexible dissection of lines into fragments,
without harming rhythmic cohesion.

7. The interplay of syntactic structure and verse patterns of different lines.

8. Manipulation of word order before and after the
caesura establishing additional connections as, for example,
when the word preceding the caesura is a modifier of the
last word of the line.

9. Insertion of end-stopped and run-on lines.

10. The ensuing interaction of intonational effects, viz., the anticadenza and the cadenza representing the rising and lowering pitch.

11. Additional modifications resulting from different rhyming patterns (which will be discussed in a separate chapter).

12. Adaptability to various stanzas.

7. The syllabism today

In contrast with the system in Russian, the Polish syllabic system of versification had tremendous vitality. Syllabism could be used in many categories of lines. It penetrated deeply into the collective esthetic consciousness and survived the invasion of other systems of versification. However, recently its development came to a standstill and its basic nature remains unchanged. The growing drive toward uniformity caused the disappearance of some deviations which diversified the meter. Occasionally poets made the number of stresses equal in every line, thus establishing added euphony. Długska noticed this tendency in some poems of Jarosław Iwaszkiewicz, e.g., "Inne życie"; her conjecture becomes clearer if the four prominent accents are marked in each line:

> Powiedziałeś mi, Pawle, że takiego życia
> Nie zniósłbyś ani chwilę. Ale ja mam inne,
> Które, jak cieżka rzeka, skryte pod sklepieniem
> Przemyka się szerokim, choć zimnym korytem.
> Ukryte—kwitnie wszakże co wiosna białymi
> Kwiatami, które pachną powoli i więdną.
>   (J. Iwaszkiewicz, "Inne życie")

    _ _ ´ _ _ ´ _ _   _ _ ´ _ ´ _
    ´ _ _ _ _ ´ _ _   _ _ ´ _ ´ _

```
_ _   _ _́ _ _́ _   _́ _ _ _ _ _́ _
_ _́ _ _ _ _́ _   _ _́ _ _ _́ _
_ _́ _ _́ _ _ _   _ _́ _ _ _́ _
_ _́ _ _ _ _́ _   _ _́ _ _ _́ _
```

In this particular instance using equal numbers of accents for unity was justified by the absence of rhymes; if this were applied on a larger scale, it might sound wearisome. Among other poets of the Skamander group, which emerged in the period between the world wars and became popular, some predilection toward a degree of Classicist regularity seemed to prevail. In the volume of Stanisław Baliński, *Trzy poematy o Warszawie*, containing 709 lines, only in five lines (about 0.7 per cent) was the caesura blurred—through the insertion of the enclytic reflexive pronoun "się", e.g.:

I z afisza *uczyłem się* jak ze snu czytać
(St. Baliński, "Wieczór w Teatrze Wielkim," 2, 30)
Są tacy, co *zgrywają się* na własną rękę
(St. Baliński, "Ballada o chórzyście," 6)

The same deviation could be found in the poems of Kazimierz Wierzyński, whose treatment of the syllabic verse was more elastic:

Wszystkie *kochają się* we mnie dziewczęta,
Bo jestem—mówcie, co chcecie—przystojny.
(K. Wierzyński, "Szumi w mej głowie")

Wyrastając w miasteczku pustym, jak odludzie,
Gdzie trudno było *nie znać się* z każdą osobą,
Żyłem tak, jak dziś myślę o najdroższej złudzie:
Dosłownie w czterech ścianach, sam z sobą i tobą.
(K. Wierzyński, "Oda prowincjonalna")

There seemed to be little scope and incentive for further technical innovations. A few contemporary poets attempted to revive some of the forgotten techniques. The treatment of the caesura by Mieczysław Jastrun sounded like a recall of the manner of Kochanowski and Słowacki:

Już tego miasta *nie pamiętam,* tylko jeden
Zaułek senny, *gdzie bluszcz* po oknach się wspina.
　　　　("Sen," in *Sezon w Alpach,* 1948)
Głos niezupełnie szczery, który mówi,
Że lepiej *byłoby się* nie urodzić
Lub umrzeć młodo, cóż da człowiekowi?
Wybierać *wolno nam* między rozpaczą
A światłem, *co nas ze światem* pogodzi.
　　　　(M. Jastrun, "Godzina")

An even more convincing illustration of Jastrun's struggle with the shortcomings of the 11-syllable verse is his *Poemat o mowie polskiej,* from which a brief passage is quoted:

Wracają do mnie w jakiś szumny wieczór
Twe kroki. *Jak wyraźnie* je pamiętam . . .
I ja, *którym tysiąca* śmierci nie czuł,
Znów widzę ciebie—poprzez czas nietkniętą.
　　　　(M. Jastrun, "Pamięci Ewy S.")

$$- \; \acute{} \; - \; \acute{} \; - \; | \; \acute{} \; - \; - \; \acute{} \; - \; \acute{} \; -$$
$$- \; \acute{} \; - \; - \; - \; \acute{} \; - \; - \; - \; \acute{} \; -$$
$$- \; \acute{} \; \acute{} \; - \; \acute{} \; - \; \acute{} \; - \; \acute{} \; -$$
$$\acute{} \; \acute{} \; - \; \acute{} \; - \; | \; - \; - \; \acute{} \; - \; \acute{} \; -$$

Here again, the caesura disappeared twice in the cluster of syllables unusually accented. More radical was, of course, partial return to heterosyllabism—and some poets adopted this alternative, producing irregular verse, as Czesław Miłosz did in some of his short poems:

	No. of *syllables*
Zgodne w radości są wszystkie instrumenty	12
Kiedy poeta wchodzi w ogród ziemi	11
Czterysta rzek błękitnych pracowało	11
Na jego narodziny i jedwabnik	11
Dla niego snuł błyszczące swoje gniazda	11
Korsarskie skrzydło muchy, pysk motyla	11
Uformowały się z myślą o nim	10
I wielopiętrowy gmach łubinu	10
Jemu rozjaśniał noc na skraju pola	11
Więc się radują wszystkie instrumenty	11
Zamknięte w pudłach i dzbanach zieleni	11
Czekajac aby dotknął i aby zabrzmiały.	13

(Cz. Miłosz, "Do Tadeusza Różewicza, poety")

In this fragment the 11-syllable line still dominates, but some lines deviate from the prevailing pattern. The irregularities are a purely negative device; still, they may serve a constructive artistic purpose disrupting the uniform fluency of the poetic diction.

2

~~~~~~

Syllabic-accentual Verse

1. Preliminaries

Although the early 8-syllable verse was syllabic and its accentation irregular, the abundance of 8-syllable paroxytonic words in the Polish language resulted in the rhythmic shaping of a number of lines foreshadowing another system of versification:

> Sarna, zając, soból, liszka . . .
>
> Kury wrzeszczą, świnie kwiczą . . .
> (M. Rej, *Krótka rozprawa*)

The equalizing influence of music was at first of minor significance, as transaccentation was tolerated. For several centuries people were not concerned if musical emphasis fell upon vowels which normally would remain unstressed. This is why so many poems written for rhythmic singing were composed in normal syllabic verse. Acquaintance with German syllabic-accentual verse during the period of the Reformation did not change the trend in Poland. On the other hand the autonomous evolution of the syllabism contributed to the stabilization of some accents. Thus the syllables preceding the caesura and the clausula were usually stressed. In the poetry of the sixteenth and seventeenth century, the poets did not hesitate to place an accented syllable before the stressed vowel of the rhyme:

> Ba, wej, jak się nasz sąsiad wygolił—*mąż* powie.
> (W. Potocki, "Golono, strzyżono")
>
> I swych, i nieprzyjaciół, i znowu *klnie* siebie.
> (W. Potocki, *Wojna chocimska*)

The ensuing arrangement of two stressed vowels in three final syllables practically vanished in the poetry of the Classicists, and consequently every line acquired a uniform rhythmic ending: _ _́ _. However, such minor changes did not really impair the fundamentals of syllabic verse-making.

More significant was the impact of ancient poetry—Greek and Latin. Kochanowski, whose contribution to the syllabic system was invaluable, also made an attempt to evoke the rhythm of ancient poets. In an introduction to his drama, *The Dismissal of the Greek Envoys* (1578), he indicated that the third song of the Choir would resemble Greek verse. This song reviewed the events preceding the Trojan War: the stay of Alexander in Sparta, the kidnaping of Helen and the subsequent arrival of the Greek envoys demanding her return.

> O białoskrzydła morska pławaczko,
> Wychowanico Idy wysokiej,
> Łodzi bukowa, któraś gładkiej
> Twarzy pasterza Priamczyka
> Mokrymi słonych wód ścieżkami
> Do przeźroczystych Eurotowych
> Brodów nosiła:
> Coś to zołwicom za bratową,
> Córom szlachetnym Priamowym,
> Cnej Poliksenie i Kassandrze
> Wieszczej przyniosła?
>
> Za którą oto w tropy prosto
> Prędka pogonia przybieżała.

To li ów sławny upominek
Albo pamiętne, którym luby
Sędziemu wyrok ze wszech Wenus
Bogiń piękniejsza zapłaciła,
Kiedy na Idzie stokorodnej
Śmierci podległy nieśmiertelne
Uznawca twarzy rozeznawał?

(J. Kochanowski, *Dismissal of the Greek Envoys*)

´ – – ´ – ´ – – – ´ –
– – – ´ – ´ – – ´ –
´ – – ´ – ´ – ´ –
´ – – ´ – – – ´ –
– ´ – ´ – ´ – – ´ –
– ´ – ´ – – – ´ –
´ – – ´ –
´ – – ´ – ´ – – ´ –
´ – – ´ – – – ´ –
´ – – ´ – – – ´ –
´ – – ´ – – ´ –
– ´ – ´ – ´ – – –
´ – – ´ – – – ´ –
´ – – ´ – – ´ –
´ – – ´ – – ´ – ´ –
– ´ – ´ – – – ´ –
´ – – ´ – – – ´ –
– ´ – ´ – – ´ – ´ –
– ´ – ´ – – ´ –

Here the author arranged the stresses into a pattern reminiscent of the ancient feet. It certainly foreshadowed prospective developments in Polish poetry. However, it was an isolated effort to which contemporaries did not attach any special importance. Only much later did Kochanowski's experiment receive the recognition it deserved.

In contrast to the syllabic system, the turn toward syllabic-accentual verse was prompted by inquiries into theory. In the last quarter of the eighteenth century and at the beginning of the nineteenth century, Tadeusz Nowaczyński, Józef Elsner, Józef Franciszek Królikowski and Kazimierz Brodziński investigated the possibility of applying to Polish poetry the metrical system of the ancient Greeks and Romans. The basic idea was wrong in view of the essentially different qualities of the Polish language (in which no long or short vowels can be distinguished), and the samples compiled by Brodziński, though apparently comparable to ancient verse, were misleading. However, the question aroused general interest and was taken into consideration by prominent poets.

An important incentive toward further endeavor was provided by musical scores. Former tolerance toward trans-accentation distorting the normal pronunciation of the words was ridiculed, and the critics demanded closer concordance between natural pronunciation and music. Some Romantic poets were involved in this discussion. Significantly enough, the drama of Mickiewicz, *Dziady*, included some texts in which direct resonance on the operatic scores was inserted.

2. Basic substance: feet

In the syllabic-accentual system the rhythmic units were "feet," or clusters of syllables of which at least one was to be accented. In contrast with the ancient languages, the length of the vowels was not considered, and the accents were the only distinction among the vowels concerned. The most frequent combinations in Polish poetry were:

the trochee   ∠ _

the iambus   _ ∠

the dactyl   ∠ _ _

the amphibrach   _ ∠ _

the anapaest   _ _ ∠

the amphimacer   ∠ _ ∠

the paeon III   _ _ ∠ _

Occasionally other types of feet appeared as isolated experiments. They remained mostly a mere curiosity, even though some poets succeeded in exploiting them for artistic purposes; e.g., Julian Tuwim wrote a poem consisting of 1-syllable words, and in this way produced an effect comparable to the ancient spondees (of two long vowels):

> Krwi, snów, mknień, żądz,
> Gór, chmur, drżeń, zórz,
> Łez, chwil, róż, słońc,
> Łkań, gwiazd, gróz, zórz—
> O życie moje!
>   (J. Tuwim, "Życie moje")

The *trochaic rhythm* could be obtained by a mere collection of 2-syllable words. Another natural possibility was the combination of a 1-syllable nonproclytic word and a trinary one. Both combinations could be found in the distich from the comedy *Zemsta* by A. Fredro:

> Bawi z nami w domu Klary,
> Bo krewniaczka jej daleka.
>   (Act I, 1)

It is not surprising that regular trochaic verse was often foreshadowed by versification of the syllabic system. The

second part of the Polish 13 syllable alexandrine consisted
time and again of three trochees:

Czego chcesz od nas, Panie, za Twe hojne dary,
Czego za dobrodziejstwa, *którym nie masz miary?*
Kościół Cię nie ogarnie, *wszędy pełno Ciebie* . . .
      (J. Kochanowski, "Hymn")

Naturally the domination of the feminine rhyme resulted in the usual trochaic finale of separate lines. When
the masculine oxytonic rhyme was reintroduced, the poets
could cut out the normal last syllable of the trochaic line
and obtain a catalectic effect:

Odpoczywa, złożył skronie $-\ -\ \acute{-}\ -\ \acute{-}\ -\ \acute{-}\ -$
    Na jedwabnych mchach, $-\ -\ \acute{-}\ -\ \acute{-}$
Na pościeli miękkiej tonie
    W nieprzerwanych snach.
W leśnej ciszy odpoczywa, $\acute{-}\ -\ \acute{-}\ -\ \ -\ -\ \acute{-}\ -$
    Pośród wonnych tchnień. $\acute{-}\ -\ \acute{-}\ -\ \acute{-}$
Paproć włosy mu pokrywa,
    Wkoło chłód i cień.
    (A. Asnyk, "Odpoczywa")

The trochee became the most widely used binary foot
in Polish poetry. More limited was the use of *iambic feet.*
They could be produced only with the proper manipulation
of 1-syllable words, as no other words with the stress on the
final syllable are available. The following is an example of
a regular iambic two-footer:

Ostatni kwiat! $-\ \acute{-}\ -\ \acute{-}$
Jak wiele strat
W tych słowach brzmi.
Więc nie ma już
Powojów, róż
I jasnych dni.

Więc wionie chłód
I zmieni w lód
Przezrocza fal.
Umilknie śpiew,
Gałęzie drzew
Odkryją dal.
　　　(A. Kolankowski, "Ostatni kwiat")

Among the short poems of Adam Mickiewicz there is one consisting of iambic tetrameters mixed with the trimeters:

Słowiczku mój! a leć, a piej,　_ ´ _ _ ´ _ _ ´ _ ´
　　Na pożegnanie piej　_ _ _ ´ _ ´
Wylanym łzom, spełnionym snom,
　　Skończonej piosnce twej.

Słowiczku mój, twe pióra zzuj,
　　Sokole skrzydła weź,
I w ostrzu szpon, zołoto-stron
　　Dawidzki hymn tu nieś!
　　　(A. Mickiewicz, "Do Bohdana Zaleskiego")

Among the trinary feet the *dactyl* appears mainly in longer lines, e.g., the hexameter. The following fragment from a poem by Władysław Broniewski may be interpreted as a dactylic catalectic verse:

　　´ _ _ ´ _

Chwała pragnącym,
silnym i śmiałym!
Pieśnią i słońcem!
Lotem i szałem! . . .
Chwało słoneczna,
bij promieniami!
Pieśni odwieczna,
zaszum skrzydłami!
Pieśni wichrowa,
uderz mnie w piersi!! . . .

Oto do śmierci
płoną me słowa,
palą mnie słowa . . .
    (Wł. Broniewski, "O sobie samym")[1]

The *amphibrach,* as well as the trochee, emerges in a natural way from Polish accentation: almost all 3-syllable words are amphibrachic. It attained considerable popularity among Romantic poets, and continued to be popular in subsequent literary epochs. Its swinging rhythm made it suitable for various acoustic effects. This early poem of Wierzyński is a fine example of a regular amphibrachic tetrameter:

$$- \acute{} - \quad - \acute{} - \quad - \acute{} - \quad - \acute{} -$$

To lato dojrzewa, musuje, wybucha,
Do ziemi przypada, i cichnie, i słucha,
Jak we mnie się tętent zanosi i woła:
Przewala się szczęście, me szczęście dokoła!

I spada, jak potop, dymiącą ulewą,
Zagarnia to wszystko na prawo i lewo,
I tylko chorągiew się moja weseli,
Chorągiew, chorągiew na szczycie niedzieli!
    (K. Wierzyński, "Marsz tryumfalny")

Different feet arranged in regular patterns may be also combined in the syllabic-accentual verse.

3. Breaks of the meter

The most frequent deviation from regular sequence of feet is the omission of stresses. It has been a normal technique in the popular trochaic verse which otherwise might become monotonous:

[1] Władysław Broniewski, *Wiersze i poematy* (1962), p. 53.

W szczerym polu na ustroni   ´ _ ´ _   _ _ ´ _
Złote jabłka na jabłoni,   ´ _ ´ _   _ _ ´ _
Złote liście pod jabłkami,   ´ _ ´ _   _ _ ´ _
Złota kora pod liściami.   ´ _ ´ _   _ _ ´ _
Aniołowie przylecieli   _ _ ´ _   _ _ ´ _
W porankową cichą porę,   _ _ ´ _   ´ _ ´ _
Złote jabłka otrząsnęli,   ´ _ ´ _   _ _ ´ _
Złote liście, złotą korę.   ´ _ ´ _   ´ _ ´ _

(T. Lenartowicz, "Złoty kubek")

Among the eight lines of the quoted excerpt only the last one contains a complete set of four accents. There are only two accents in the fifth line (which sound like a double paeon III). Yet the rhythmic unity of this trochaic poem is unimpaired. Similar omissions of accents occur in verses consisting of other feet. They can be noticed in the iambic poem of C. K. Norwid (second and third lines):

Śpiewają wciąż wybrani
U żłobu, gdzie jest Bog;
Lecz milczą zadyszani,
Wbiegając w próg . . .

A cóż dopiero owi,
Co ledwo wbiegli w wieś—
Gdzie jeszcze ucho łowi
Niewiniąt rzeź!
(C. K. Norwid, "Czemu nie w chórze?")

Similar omissions of the accent appear in the two first lines of the iambic hexameter by Leonard Sowiński:

Niejeden słowa mistrz swym ideałom kłamie,
Gdy pieszczotliwy gwar niewieści dojdzie doń:
"Poeto! zgładź na czole swym proroka znamię,
A bądź śpiewakiem uczt i mirtem uwieńcz skroń! . . ."
(L. Sowiński, "Fragmenta satyryczne")

$$\_\ \acute{}\quad\_\ \acute{}\quad\_\ \acute{}\quad\_\ \acute{}\quad\_\ \acute{}\quad\_$$
$$\_\ \_\quad\_\ \acute{}\quad\_\ \acute{}\quad\_\ \acute{}\quad\_\ \acute{}\quad\_\ \acute{}$$
$$\_\ \acute{}\quad\_\ \acute{}\quad\_\ \acute{}\quad\_\ \acute{}\quad\_\ \acute{}\quad\_\ \acute{}\quad\_$$
$$\_\ \acute{}\quad\_\ \acute{}\quad\_\ \acute{}\quad\_\ \acute{}\quad\_\ \acute{}$$

The end of the foot is marked by the *dieresis*. Sometimes each dieresis may coincide with intervals dividing the words or word clusters. This happens in the quoted fragment from the poem "Marsz tryumfalny" by K. Wierzyński. A similar technique is adopted by A. Słonimski, who combines in his amphibrachic stanza the acatalectic and catalectic feet:

> W miedzianym | podźwięku | drewniany | brzmi stuk,
> Gdy z tarczą | na ręku | i z chartem | u nóg
>   W jarmarczne | wypadasz | namioty.
> Gdy oczu | kolisko | otwarte | i ust
> Otoczy | cię blisko — wybucha | spod chust
>   Twój tors obnażony | i złoty.
>   (A. Słonimski, "Sztuka")

Only in the last line does the pattern of feet interfere with the word clusters, and the first amphibrach ends in the middle of the word "obnażony."

The poem of Adam Asnyk, "Za moich młodych lat," may be interpreted as iambic, with some hypercatalectic lines (wherever the feminine rhyme occurs). The poet usually places the dieresis in the middle of the words or word clusters:

Za moich młodych lat	s S|s	S|s	S
Piękniejszym bywał świat,	s S|s	S|s	S
Jaśniejszym wiosny dzień!	s S|s	S|s	S
Dziś nie ma takiej wiosny.	S S|s	S|s	S|s
Posępny i żałosny,	s S|s	s |sS|s	
Pokrywa ziemię cień.	s S|s	S|s	S
(A. Asnyk, "Za moich młodych lat")			

It seems that coordination of feet and word clusters is desirable as a safeguard of the harmony of poetic diction. However, this method has a drawback: the feet become too pronounced, and the scansion may sound monotonous.

Another frequent deviation from the fluent syllabic-accentual order is the insertion of additional stresses. As a criterion of the verse system, accents are more vague and elusive than the number of syllables. However, in the following stanza from Norwid most readers would probably stress the word *"mnie"* in the second line, disturbing the amphibrachic rhythm:

> Do uczty gdy z gwarem siadano za stół,
> Niestety—mnie miejsca zabrakło jednemu,
> Lecz stary obyczaj pod rękę mię wziął
> I zaraz *na dobre* wyłożył—i czemu?
>   (C. K. Norwid, "Obyczaje")

Occasionally the accent would be placed on the wrong syllable. Rigidity in this respect was not required. Konstanty Maria Górski took this liberty in the last verse of his poem:

> _ _ _́ | _ _ _́ | _ _ _́ | _
>
> Na ramionach masz złote obręcze,
> A diamenty, w pomroku świecące,
> To rozprysną się w gwiazdy i w tęcze,
> To się skupią i palą jak słońce.
> Takie blaski ci biją od głowy,
> Gdy ją oprzesz złocistą i rudą,
> Żeś jak bóstwo jest z kości słoniowej,
> Wyzłacane tybetańskie cudo.
>   (K. M. Górski, "W Teatrze de la Monnaie w Brukseli")

4. Syllabic-accentual polyphony

Since the period of Romanticism the syllabic-accentual system has gained general favor in Polish poetry. It did not exclude syllabic verse (as was the case in Russian literature). However, its direct and indirect influence on Polish poetry was considerable. Its theoretical principles seemed simple and clearly determined. Nevertheless it gave rise to complications which became a subject of controversy.

As an instructive example of the intricacies of the syllabic-accentual system, the poem of Juliusz Słowacki, "Na sprowadzenie prochów Napoleona" (On the bringing of the ashes of Napoleon [1841]), may be chosen. These are the first twelve lines of the poem:

> I wydarto go ziemi popiołem;
>   I wydarto go wierzbie płaczącej,
> Gdzie sam leżał, ze sławy Aniołem,
>   Gdzie był sam, nie w purpurze błyszczącej,
> Ale płaszczem żołnierskim spowity,
> A na mieczu jak na krzyżu rozbity.
>
> Powiedz, jakim znalazłeś go w grobie,
>   Królewiczu, dowódco korabli?
> Czy rąk dwoje miał krzyżem na sobie?
>   Czy z rąk jedną miał przez sen na szabli?
> A gdyś kamień z mogiły podźwignął,
> Powiedz, czy trup zadrżał, czy się wzdrygnął?
>   (J. Słowacki, "Na sprowadzenie prochów Napoleona")

The rhythm of this poem usually has been considered anapaestic. However, closer examination of the rhythmic pattern discloses a number of divergencies.

The isosyllabism is maintained fairly well. Every line, with only one exception (the sixth one), consists of the same number of 10 syllables. Basically each line contains three principal stresses, which are combined with unstressed syllables in such a way that the poem can be arranged in anapaestic feet. The final syllable following the last stress of any one line is an addition which qualifies the verses as hypercatalectic. Occasionally superfluous accents are added:

they appear in the lines 3, 4, 7, 9. The twelfth line deviates from the general trend so that only the last accent appears in the normal position.

The dominant pattern of the meter is that of three ana-paestic feet with three diereses plus one syllable:

$$- \ - \ \acute{-} \ | \ - \ - \ \acute{-} \ | \ - \ - \ \acute{-} \ | \ -$$

Another rhythmic aspect of the verse is revealed in con-nection with the distribution of word clusters. The intervals appear at the end of each group:

s	s	S|s		s	S|s		s	S|s
s	s	S|s		s	S|s		s	S|s
s	S	S|s		s	S|s		s	S|s
s	S	S|	S	s	S|s		s	S|s
s	s	S|s		s	S|s		s	S|s
s	s	S|s	s	s	S|s		s	S|s

S	s	S|s		s	S|s		s	S|s
s	s	S|s		s	S|s		s	S|s
s	S	S|s		s	S|s		s	S|s
s	S	S|s	s	s	S|		s	S|s
s	s	S|s		s	S|s		s	S|s
S	s	s|S		S	s|	s	s	S|s

The discord between the metrical scheme and the dis-tribution of word clusters in separate lines demonstrates that there is a mutual interaction. Almost all diereses fall within the word clusters, splitting them. Consequently the reader may be tempted to see the poem as adopting a different metric rhythm. He would consider the first four syllables as paeons III, and the remaining six syllables as double amphi-brachs. Such reading would conform more closely with the word pattern and would eliminate its clash with the arrange-ment of feet. The preference for one of the possible alterna-tives depends on the tradition, the suggestions of the author or his contemporaries, or certain hints within the text.

The ballad "Trzech Budrysów" (The three Budrys brothers) by Mickiewicz was quoted time and again as a specimen of anapaestic rhythm, yet it presents the same problem. To illustrate, the first three stanzas will be sufficient:

> Stary Budrys trzech synów, tęgich jak sam Litwinów,
> Na dziedziniec przyzywa i rzecze:
> "Wyprowadźcie rumaki i narządźcie kulbaki,
> A wyostrzcie i groty i miecze.

> "Bo mówiono mi w Wilnie, że otrąbia niemylnie
> Trzy wyprawy na świata trzy strony:
> Olgierd ruskie posady, Skirgiełł Lachy sąsiady,
> A ksiądz Kiejstut napadnie Teutony.

> "Wyście krzepcy i zdrowi, jedźcie służyć krajowi,
> Niech litewskie prowadzą was bogi!
> Tego roku nie jadę, lecz jadącym dam radę,
> Trzej jesteście i macie trzy drogi."
> (A. Mickiewicz, "Trzech Budrysów")

```
´ _ ´ | _ _ ´ | _   ´ _ _ _ ´ _ _ ´ _
_ _ ´ | _ _ ´ | _   _ ´ | _
_ _ ´ | _ _ ´ | _   _ _ ´ | _ _ ´ _
_ _ ´ | _ _ ´ | _   _ ´ | _

_ _ ´ | _ _ ´ | _   _ _ ´ | _ _ ´ | _
´ _ ´ | _ _ ´ | _   ´ _ ´ _
´ _ ´ | _ _ ´ | _   ´ _ ´ | _ _ ´ | _
_ ´ ´ | _ _ ´ | _   _ ´ _

´ _ ´ | _ _ ´ | _   ´ _ ´ | _ _ ´ | _
_ _ ´ | _ _ ´ | _   _ ´ _
´ _ ´ | _ _ _ | _   _ _ ´ | _ _ ´ | _
´ _ ´ | _ _ ´ | _   ´ ´ _
```

The poem combines two types of lines consisting of fourteen and ten syllables. No irregular number of syllables occurs. However, the author uses diversified stresses. The rhythm acquires much more uniformity when word clusters are accounted for:

```
S s S s      s S s        S  s  s  S    s  S  s
s s S s      s S s     s  S  s
s s S s      s S s        s  s  S  s    s  S  s
s s S s      s S s     s  S  s

  s s S s      s S s        s  s  S  s    s  S  s
S   s S s      s S s     s  S  s
S s   S s      s S s        S  s  S  s    s  S  s
s S   S s      s S s     s  S  s

S s   S s      s S s        S  s  S  s    s  S  s
  S s S s      s S s     s  S  s
S s   S s      s S s        s  s  S  s    s  S  s
  S s S s      s S s     s  S  s
```

Here again the arrangement of words and stresses presents a combination of predominantly amphibrachic feet with paeons III, which makes the rhythm more natural.[2] On the other hand the scansion of the poem in an anapaestic pattern places many diereses within the word clusters.

The tradition attached to the ballad of Mickiewicz seems to indicate that it was conceived in an anapaestic rhythm. One of its echoes is the translation by Alexander Pushkin, who rendered faithfully the rhythm and stanzas of the original text. B. Unbegaun does not hesitate to classify Pushkin's translation as anapaestic.[3] Obviously rhythmic interpretation of a syllabic-accentual poem does not depend on the arrangement of word clusters. The resulting conflict is not a drawback and should not be considered an artistic weakness. After all, it was a common occurrence in the ancient poetry of the Greeks and Romans.

[2] Kazimierz Budzyk, "Co to jest polski sylabotonizm," *Pamiętnik Literacki,* XLVI (1955), 132–33.

[3] B. O. Unbegaun, *Russian Versification* (Oxford, 1956), p. 70.

In syllabic-accentual poetry deviations from the basic pattern of scansion were quite common. Somewhat more conforming in this respect were the verses composed for singing.

The first attempt to apply the syllabic-accentual system to the fragments written for collective recitation was made by Kochanowski, and his example inspired some of his successors. The song of the royal harpists in the finale of the third act of *Lilla Weneda* differed from the prevailing syllabic verse of the tragedy.

O święta ziemio polska, arko ludu!
Jak zajrzeć tylko myślą, *krew* sie lała,
W przeszłości słychać *dźwięk* tej harfy cudu,
Co wężom dała *łzy* i serce dała.
Słuchajcież *wy!* gdy ognie zaczną buchać,
Jeżeli harfy *jęk* przyleci zdala,
Będziecież *wy* jak węże *stać* i słuchać?
Będziecież *wy* jak morska czekać fala,
Aż ścichnie *pieśń* i *krew* oziębnie znowu,
I *znów* się staną z *was* pełznące węże?
Aż wrzucą *was* do mogilnego rowu,
Gdzie z zimnych jak wy *serc* się hańba lęże?
Już *czas* wam *wstać!*
Już *czas* wam *wstać* i *bić* i *truć* oręże.

    (J. Słowacki, *Lilla Weneda*)

```
_ ´| _ ´ _ _ ´| _ ´ _ _ ´ _
_ ´ _ ´| _ _ _ _ ´ _ _ ´ _
_ ´ _ _ _ ´ ´| _ _ ´ _ _ ´ _
_ ´ | _ ´ |
_ ´| _ ´ | _ ´ | _ ´ | _ ´ _
```

At first glance it is obvious that regular accentuation is a distinctive feature of this specimen of the iambic meter. Only in three instances (out of 67) has the accent been omitted and only once (in the twelfth line) has one of the accents been misplaced. Moreover, there is coordination between the feet and word clusters. The poet inserted a number of 1-syllable words that help to determine and emphasize the rhythm. In 13 lines the end of the iambic feet coincides with the end of the word clusters. The last line includes as many as 4 iambic combinations identical with the word clusters: "Już czas," "wam wstać," "i bić," "i truć." This iambic finale is a fitting method of conveying the battle cry of the bards.

A different technique of manipulating the effects of iambic feet on the background of syllabic system was demonstrated in Słowacki's tragedy *Balladyna*. The quoted excerpt is a monologue of the semiconscious heroine after the murder of her sister:

Kto to? . . . zawołał *ktoś?* . . . czy to ja sama
Za siebie samą modliłam się? . . . Żmija,
Kobieta, siostra—nie siostra. Krwi plama
Tu—i *tu*—i *tu*—
      (pokazując na czoło, plami je palcem)
        i tu—Któż zabija
Za malin dzbanek siostrę? . . . Jeśli z bora
Kto tak zapyta? powiem—ja. —Nie mogę
Skłamać i powiem: ja! —Jakto ja? Wczora
Mogłabym przysiąc, że *nie* . . . W las! w las! w drogę.
Wczorajsze serce niechaj się za ciebie
Modli. —Ach, jam się wczoraj nie modliła.
To źle! źle! —dzisiaj już nie *czas* . . . Na niebie

Jest *Bóg* . . . zapomnę, że *jest*, będę żyła,
Jakby nie było Boga.
        (odbiega w las)
     (J. Słowacki, *Balladyna*)

```
´  —  —  ´  —  ´  —  —  —  ´  ´  —
—  ´  —  ´  —  —  ´  —  —  ´  —
—  ´  —  ´  —  —  —  ´  —  ´  —
´  —  ´  ´  ´  —  ´  ´  —  ´  —
—  ´  —  ´  —  ´  —  ´  —  ´  —
´  —  —  ´  —  ´  —  ´  —  ´  —
´  —  —  ´  —  —  ´  —  ´  ´  —
´  —  —  ´  —  ´  ´  ´  ´  —
—  ´  —  —  —  —  —  —  ´  —
´  —  ´  ´  —  —  —  ´  —  ´  —
—  ´  ´  ´  —  —  —  ´  —  ´  —
—  ´  —  ´  —  —  ´  ´  —  ´  —
´  —  —  ´  —  ´  —
```

The varied distribution of accents characterizes this specimen of 11-syllable verse as syllabic. However, the interweaving of the iambic rhythm is conspicuous. Several times the poet inserts the iambic foot, mostly in front of the caesura or before the punctuation marks: "i *tu*" (three times), "*że nie*," "To *źle*," "Jest *Bóg*," "Nie *czas*," "*że jest*". The fragment is therefore significant as an illustration of rhythmic flexibility.

In modern poetry the essential characteristics of Polish syllabic-accentual verse remain unchanged. While at the beginning of its relatively brief career it prevailed in lyrical poems, later it was found adaptable to epic poetry.

The syllabic-accentual system of verse lasted for a much shorter period of time than that its direct predecessor—syllabism. Present-day poets seem to neglect it even more than syllabic verse, and its future seems uncertain.

3

〰〰〰〰〰〰

Lines

In both syllabic and syllabic-accentual systems number was the basic criterion for different types of lines. In the syllabic system the number of syllables and the position of the caesura were the basic criteria. In the syllabic-accentual verse the number of feet were also considered.

Naturally enough, the 1- and 2-syllable lines were of minor significance in poetic works. They could be inserted occasionally among longer lines. Poems consisting exclusively of such short lines were only curiosities. The same should be said of 3-syllable lines, although they did appear in lyric poetry; some poets even succeeded in achieving diverse rhythmic effects:

> Jasny dzień,
> Czysta noc.
> Słyszysz mnie?
> To mój głos!
> Lud tablice
> Gniewu stłukł
> O granice
> Państw, o bruk.
> (M. Jastrun, "Hejnał z wieży")

If they are combined with longer lines, 3-syllable lines could perform the function of a cadenza:

Przyjdzie słonko na niebiosy
    Wschodzące
I wypije bujne rosy
    Na łące.
Ale żeby wyschło naszych
    Łez morze,
Chyba cały świat zapalisz,
    Mój Boże!
    (M. Konopnicka, "A czemu wy, chłodne rosy.")

2. The 4-syllable line seemed to fascinate the earliest versifiers. Rej also wrote a number of such verses; they were monorhymes, except for the two closing lines:

Panie stary,
Porzuć czary,
Im się wiary,
Gotuj mary,
By bez wiary
Diabeł szary
Do swej fary
Za swe dary
W swe browary
Na przewary
Nie wziął cię na święta.
Dobrze gol!
    (M. Rej, *Źwierciadło*, III)

Curiously enough, the author reduces the last line of the poem to a 3-syllable line with an oxytonic ending. A variety of 4-syllable verse results from splitting the 8-syllable trochaic tetrameter in two parts, usually rhymed. This type of split was a favorite device of Teofil Lenartowicz, who introduced it on a larger scale in his narrative poem, *Bitwa racławicka*. The modern masters occasionally turn to the iambic rhythm with oxytonic endings to the lines:

Uwiędły liść,
Odlotny ptak,
Błękitny szron.
Gdzie spojrzeć, iść,
Zagłady znak,
Sen, głusza, zgon.

Mróz, siwy tkacz,
Błoń osnuł, gaj,
W mgły, zwłoki tęcz.
O, wietrze, płacz!
O, duszo, łkaj!
O, serce, jęcz!
    (L. Staff, "Jesień")

3. While 4-syllable lines remained a relative rarity, 5-syllable lines had a measure of success. Once more the first samples were written by Mikołaj Rej, who liked to experiment with various verse patterns. One of the poems by Jan Kochanowski consisting entirely of 5-syllable lines became so famous as to be proverbial:

Szlachetne zdrowie!
Nikt się nie dowie,
Jako smakujesz,
Aż się zepsujesz. (. . .)
Bo dobre mienie,
Perły, kamienie,
Także wiek młody
I dar urody,
Miejsca wysokie,
Władze szerokie
Dobre są, ale
Gdy zdrowie w cale (. . .)
Klejnocie drogi!
Mój dom ubogi,
Oddany tobie,
Ulubuj sobie!
    (J. Kochanowski, "Na zdrowie")

The poet's skill in manipulating such short lines was enhanced by their smooth co-ordination with the syntactic structure. The author also achieved a considerable rhythmic variety by shifting the stresses.

Kochanowski's example encouraged many of his successors. Of course, 5-syllable lines were primarily useful in lyric poetry, but sometimes they appeared in poems of descriptive content, as in the one below:

> Zorza na wschodzie
> Złoci się w wodzie.
> Noc księżycowa
> Perłami rosi,
> Mgła lazurowa
> Z wód się podnosi.
> Szerokie pole.
> Śpią chaty w dole,
> Gwiazdy migocą,
> W wodzie się złocą.
> Tam brzoza biała
> Włosy rozwiała.
> T. Lenartowicz, "Mały światek")

The quoted samples are of the syllabic kind. However, the syllabic-accentual variety was also common, e.g., the trochaic verses with oxytonic endings:

> Módlmy się wśród drzew
> Za zdeptany wrzos—
> Za przelaną krew,
> Za zburzony los!
> I za śmierć od kul—
> I od byle rdzy;
> I za cudzy ból—
> I za własne łzy!
> (B. Leśmian, "Mimochodem")

```
 ´  —  —  —  ´
 —  —  ´  —  ´
 —  —  ´  —  ´
 —  —  ´  —  ´
 —  —  ´  —  ´
 —  —  ´  —  ´
 —  —  ´  —  ´
```

Another popular combination was a mixture of the 5-syllable lines with their 4-syllable catalectic variant in which the paroxytonic endings are replaced by oxytona:

Okruchy śniegu
Siecią swych fal
Zasnuły w biegu
Bezbronną dal.

Gmatwając loty,
Tamując dech—
Obsiadły płoty
Jak siwy mech.

Do szyb się garną
Jak białe ćmy,
Tchnąc w izbę parną:
To my! to my!
　　　　(B. Leśmian, "Noc zimowa" (from *Sad rozstajny*)

4. The earliest specimens of poems with 6-syllable lines appeared in the sixteenth century; they were basically found in lyric poetry and songs. This 6-syllable line was well known in popular verse, and it fitted the melody of some popular dances, e.g., Krakowiak. Two variations could be distinguished, one consisting of three trochees, another of two amphibrachs. In the syllabic system this distinction was not observed, and the two types were freely interwoven:

Popalone sioła,
Rozwalone miasta,
A w polu dokoła
Zawodzi niewiasta.
Wszyscy poszli z domu
Wzięli z sobą kosy,
Robić nie ma komu,
W polu giną kłosy.
      (W. Pol, "Śpiew z mogiły")

```
_ _ ´ _ ´ _
_ _ ´ _ ´ _
_ ´ _ _ ´ _
_ ´ _ _ ´ _
´ _ ´ _ ´ _
´ _ ´ _ ´ _
´ _ ´ _ ´ _
´ _ ´ _ ´ _
```

With the development of the syllabic-accentual system
the poets became conscious of this difference. There were
also iambic lines with an oxytonic ending. These lines were
also used in poems like folk songs.

5. Much more prolific and versatile was the history of
the 7-syllable line. J. Kochanowski introduced it not only in
his *Trifles* but also his *Psalms* and *Songs:*

Zegar, słyszę, wybija . . .
Ustąp, melancholija!
Dosyć na dniu ma statek,
Dobrej myśli ostatek! . . .

Dygnitarstwa, urzędy—
Wszytko to jawne błędy,
Bo nas równo śmierć sadza,
Ani pomoże władza.

A nad chłopa chciwego
Nie masz nic nędzniejszego,
Bo na drugiego zbiera,
A sam głodem przymiera.
(J. Kochanowski, *Pieśni*)

The syllabic version of this line sounds like the part of the Polish alexandrine preceding the caesura. This is probably one of the reasons why it was sometimes followed by a 6-syllable line resembling the second part of the popular 13-syllable:

Nie z marmuru w mauzolu,
    Nie w ceglanym grobie,
Ale w otwartym polu
    Odpoczywa sobie.
O mężny, o serdeczny
    Z wojskiem twym hetmanie,
Pamiątki godny wiecznej,
    Poko Polski stanie.
(W. Kochowski, "Nagrobek mężnym żołnierzom . . .")

The 7-syllable line acquired renewed vitality through contact with folk songs, where it could be found not only in lyrics but also in ballads. One of them fascinated Adam Mickiewicz, whose paraphrase closely followed the original rhythm:

Zbrodnia to niesłychana:
Pani zabiła pana.
Zabiwszy, grzebie w gaju,
Na łączce, przy ruczaju.
Grób lilią zasiewa,
Zasiewając, tak śpiewa:
"Rośnij, lilia, wysoko,
Jak pan leży głęboko,

Jak pan lezy głęboko,
Tak ty rośnij wysoko."
    (A. Mickiewicz, "Lilie")

The 7-syllable line was tested by many other Romantic poets. Various rhythmic models were created: a paeon III plus an amphibrach ($\smile$ $\smile$ $\acute{} $ $\smile$ | $\smile$ $\acute{}$ $\smile$); 2 chorees and an amphibrach ($\acute{}$ $\smile$ | $\acute{}$ $\smile$ | $\smile$ $\acute{}$ $\smile$), 2 trochees and an inserted amphibrach ($\acute{}$ $\smile$ | $\smile$ $\acute{}$ $\smile$ | $\acute{}$ $\smile$), a dactyl with 2 trochees ($\acute{}$ $\smile$ $\smile$ | $\acute{}$ $\smile$ | $\acute{}$ $\smile$), etc. The introduction of the masculine rhyme produced other varieties (e.g., the popular trochaic catalectic tetrameter):

$$(\acute{}\ \smile\ \ \acute{}\ \smile\ \ \acute{}\ \smile\ \ \acute{}).$$

Yet the regular syllabic-accentual variants did not appear as frequently as the usual syllabic verse. It became a favorite of poets writing their poetry in a humorous mood. Examples of this may be found in the poetry of Artur Bartels ("Dzionek obywatelski"), M. Rodoć (pseudonym of Biernacki) and many others, such as Tadeusz Boy-Żeleński in his renowned cycle of jocular poems:

Te słówka mi uciechy,
Sprawiają nieraz mnóstwo,
Lubię ich puste śmiechy
I ducha ich ubóstwo.

Jak błazenkowie mali
Słówko sie z słówkiem cacka,
To jęzor mu wywali,
To szczypnie je znienacka.

Jedno przez drugie hasa,
Wydając kwik wesoły,
Niby dzieciaków masa,
Gdy wyrwie się ze szkoły.
    (T. Boy-Żeleński, *Słówka*)

6. Despite its manifold use, the impact of the 7-syllable line was limited. This could hardly be said of the 8-syllable line. Its early adoption has already been discussed in the chapter on syllabism. The medieval type with its strong element of heterosyllabism was substituted for regular syllabic verse. Kochanowski added polish and luster. He introduced it mainly in his minor works, and the poem *Pieśń świętojańska o sobótce*, consisting of 12 songs. Occasionally he seemed to foreshadow the syllabic-accentual pattern—the trochaic tetrameter:

> Wsi spokojna, wsi wesoła,
> Który głos twej chwale zdoła?
> Kto twe wczasy, kto pożytki
> Może wspomnieć zaraz wszytki?
> (J. Kochanowski, *Pieśń świętojańska o sobótce*, panna 12)

Yet the syllabic tradition survived. Mickiewicz demonstrated its vigor in some ballads (e.g., "Pani Twardowska," "Tukaj," "Pierwiosnek"). The second part of his *The Forefathers' Eve* fixed in the collective memory of his nation the typical rhythmic combination of lines with 4 and 3 accents:

> Zamknijcie drzwi od kaplicy.
> Niech księżyca światłość blada
> Szczelinami tu nie wpada.
> Żadnej lampy, żadnej świecy.
> W oknach zawieście całuny . . .
> (A. Mickiewicz, *Dziady*, II)

$$- \acute{} - \acute{} - - \acute{} -$$
$$\acute{} - \acute{} - - - \acute{} -$$
$$- - \acute{} - \acute{} - \acute{} -$$
$$\acute{} - \acute{} - \acute{} - \acute{} -$$
$$\acute{} - - \acute{} - \acute{} -$$

The 8-syllable line was also selected by the playwright Aleksander Fredro for several comedies of his most creative period. The general impression evoked by the dramatic poem *Zemsta* was often compared to that of the polonaise, perhaps because of a habit of associating the melodies of this dance with texts written in syllabic 8-syllable lines. One of the most renowned examples of this particular line was a poem written by Franciszek Karpiński at the end of the eighteenth century and widely known as a favorite Christmas carol:

> Bóg się rodzi, moc truchleje,
> Pan niebiosów obnażony;
> Ogień krzepnie, blask ciemnieje,
> Ma granice nieskończony;
> Wzgardzony okryty chwałą,
> Śmiertelny król nad wiekami;
> A Słowo Ciałem się stało
> I mieszkało między nami.
>   (F. Karpiński, "Pieśń o Narodzeniu Pańskim")

Fredro intensified the rhythmic lilt by leaning toward the syllabic-accentual trochaic verse. The requirements of versification did not interfere with the dialogue, which always remained lively and perfectly adapted to the rhythmic continuity of the drama. The following is an episode reflecting the reaction of an impetuous gentleman after learning from a letter that his fiancee had abandoned him. Quite appropriately the author disrupted several times the prevailing rhythmic scheme.

> CZEŚNIK. Co, co, co, co!
> PAPKIN.   To, to, to, to.
> CZEŚNIK. Podstolina—
> PAPKIN.   Nam skrewiła.
> CZEŚNIK. Do Rejenta—
> PAPKIN.   Zabłądziła.

CZEŚNIK. I chce, chce pójść—
PAPKIN.   Za Wacława.
CZEŚNIK. I tyś milczał, ćmo przeklęta!
    Ale krótka będzie sprawa.
    O płci zdradna, czci nie warta!
    Obyś była teraz cała
    W moim ręku jak ta karta
    Tak tu! . . .
PAPKIN.   Z pyszna by się miała!
      (A. Fredro, *Zemsta, IV*)

In the comedy *Dożywocie* fluent regularity of rhythm was replaced by increased flexibility. While maintaining the syllabic-accentual system, the poet experimented with the verse by testing different arrangements of the accents and the caesura. As an illustration of the poet's method, some irregular lines may be quoted:

Czerwone, co? —Plamka mała

Chodź z nami, chodź—ja się proszę

Nie—chodź i chodź—gdzie?—na śledzie

Lecz serce—blank!—blank—panowie

Ha! Zawsze się uczy człowiek

I weź się, weź do kuracji
    (A. Fredro, *Dożywocie*)

```
s Ss  S      Ss Ss
SSs   S      Ss Ss
S  SsS    S  sSs
s Ss  S    S  sSs
S  Ss   s Ss  Ss
s Ss  S      s sSs
```

Słowacki demonstrated another facet of 8-syllable verse by inspiring it with dynamic vigor. The poet turned to this type of verse during his period of mysticism when his verse mastery was at its peak. In his translation of the tragedy *El principe constante*, by Calderón, the verse underscored richly ornamental Baroque diction.

> Połóżcie tu moje ciało
> Na słońcu, przy białej ścianie,
> Aby mię słońce ogrzało.
> Wielki Boże! Boże Panie!
> Bądź pozdrowion duszą całą
> Za Twoje słońce wiosenne,
> Pełne złotego uśmiechu.
> Hiob przeklinał światło dzienne,
> Bo urodzony był w grzechu,
> W nędzy, w upadku, w obawie;
> Ale ja ci błogosławię
> Za dzień, co mi żyć pozwala,
> Miłości goreć płomykiem.
> Każde drzewo się zapala
> I Tobie, Panie, goreje;
> Każdy promień, co mię grzeje,
> Płomienistym Cię językiem
> Na wysokości wychwala!
>   (J. Słowacki, The Third Day, Zmiana I, translation of
>   Calderón, *El principe constante*)

Wyspiański (1869–1907) was the last prominent poet to find this verse suitable for a major dramatic work; in his *Wesele* he intermingled it with other varieties of verse. The oxytonic rhyme was used in the iambic variant. It appeared in lyric poetry; Asnyk introduced it in some of his stanzas:

> Na szczytach Tatr, na szczytach Tatr,
>   Na sinej ich krawędzi
> Króluje w mgłach świszczący wiatr
>   I ciemne chmury pędzi.
>
> Rozpostarł z mgły utkany płaszcz
>   I rosę z chmur wyciska—

A strugi wód z wilgotnych paszcz
Spływają na urwiska.

Na piętra gór, na ciemny bór
Zasłony spadły sine;
W deszczowych łzach granitów gmach
Rozpłynął się w równinę.
    (A. Asnyk, "Ulewa")

Recently the fascination of the 8-syllable line seems to have faded away, but it has been imprinted deeply in the literary tradition, and it still reappears in lyrical poetry.

7. The poetic start of the 9-syllable line was inconspicuous. It did make its debut in the minor works of Kochanowski and could be found in the poetry of the seventeenth and eighteenth century. Szymon Zimorowic used it in some of his idyllic *Roksolanki*. Mickiewicz inserted the 9-syllable line in an episode of the third part of his drama *Dziady*. Its satirical mood was emphasized by musical association with an aria from Mozart's opera *Don Giovanni*. Other verses were also used, but the basic rhythmic motif was communicated by the 9-syllable line:

Patrz, patrz starego: jak się wije,
Jak sapie. Oby skręcił szyję. . . .
Patrz, jak on łasi się i liże,
Wczora mordował, tańczy dziś!
Patrz, patrz, jak on oczyma strzyże,
Skacze jak w klatce ryś.
    (A. Mickiewicz, *Dziady*)

Lyrical poetry seemed to be the proper element for this kind of verse. This was confirmed by some poems of Adam Asnyk (1838–1897), e.g., "Ta łza . . . ," as well as some by Kazimierz Przerwa-Tetmajer who applied it in one of his most renowned lyrics:

Na wodę cichc cicnic schodzą,
tumany się po wydmach wodzą,
a rzeka szemrze, płynie w mrokach,
płynie i płynie coraz dalej . . .
a coś w niej wzdycha, coś zawodzi,
coś się w niej skarży, coś tak żali . . .
Płynie i płynie, aż gdzieś ginie,
traci się w górach i w obłokach,
i już nie wraca nigdy fala,
co taka smutna stąd odchodzi . . .
przepada kędyś w mórz głębinie
i już nie wraca nigdy z dala . . .
    (K. Przerwa-Tetmajer, "Dzwony")

Wyspiański followed the lead of Mickiewicz and introduced 9-syllable verse in his drama. Some fragments of *Wyzwolenie* also demonstrated the rhythmic qualities of this verse:

"Tam-tam" jest w stanie dzwon Zygmuntów
z przedziwną oddać dokładnością,
waży zaś lekko kilka funtów
i każdy dźwignie go z łatwością,
co uprzystępnia szerszej masie
w teatrze drżeć przy tym hałasie,
imitującym nastrój dzwonu
z przedziwną dokładnością tonu.
    (Wyspiański, *Wyzwolenie*)

In contrast with Russian poetry, 9-syllable verse did not appear for quite a long time in Polish epic poems. However, at the end of the period between the two World Wars it also invaded the narrative poetry. The translators of *Evgenii Onegin* by Aleksander Pushkin, anxious to render the rhythm of the original text, had to use this type of line on a large scale (usually combined with oxytonic 8-syllable lines). During the last war and in the subsequent years

Julian Tuwim showed its advantages in the large poetic tale *Kwiaty polskie;* he was followed by Władysław Broniewski (*Bania z poezją*) and Jan Rostworowski (*Dni ostatnie i noce pierwsze*). Tuwim occasionally inserted some 8-syllable oxytonic verses, making the rhythm more varied:

> Wiatr Tobie, Panie, huczał pieśni,
> Gdyś z mroków wykrzesywał świat.
> Chaosu świadek i rówieśnik,
> Wiatr Tobie, Boże, huczał pieśni,
> Wodami wstrząsający wiatr.
> Wiatr—gniew otchłani zbuntowanej,
> Potęgi Twojej pierwszy bard,
> Co w chwiejbę wprawił oceany
> Rytmicznym rykiem swoich skarg.
> I taki był ów zryw stworzenny,
> Taki prawichru Tobie hymn,
> Że wód wzburzonych ogrom pienny
> Do dziś w kołysie trwa bezdennym,
> Pomrukiem w brzegi bijąc złym.
> Do dziś—bylinnik, rapsod, epik,
> Początku chmurobrody dziad,
> Pierwotnej wojny wiarus ślepy,
> Wspomnienia szumne lubi wiatr . . . .
> (J. Tuwim, *Kwiaty polskie*)[4]

Similar in many respects was the verse in *Bania z poezją:*

> Wkrótce nie będziesz mdła i miękka
> i śmierci spojrzysz w twarz, Krystyno,
> i trzymać będziesz w mocnych rękach
> rewolwer albo szkło z benzyną,
> nim pójdziesz na tysiące dróg,
> gdy się rozwinie powieść krwawa,
> gdy w ogniu będzie stać Warszawa
> i świętym stanie się jej bruk.
> (Wł. Broniewski, *Bania z poezją*)

[4]Julian Tuwim, *Dzieła,* III, 1, 177.

The frequent tendency of such a 9-syllable line was iambic, with a caesura after the fifth syllable. However, the amphibrachic trimeter also gained some fame; it was suitable for songs and lyric verse:

$$\_ \; \acute{}\; \_ \mid \_ \; \acute{}\; \_ \mid \_ \; \acute{}\; \_ \mid$$

Co blasku! co krasy! co woni!
Co ptactwa! i gwaru, rozgwaru!
Hej! w nutę znajomą pieśń dzwoni,
Chórami od jaru do jaru.

Opodal w chorowód mołojców
Pląsają urodne dziewoje—
To syny i córy tych ojców,
Z którymi-m wychodził na boje.
     (J. B. Zaleski, "W oman żurawi")

Another variety used the masculine rhyme and a distinct caesura after the fifth syllable (as in the popular 11-syllable syllabic verse):

$$\_ \; \_ \; \_ \; \_ \; \_ \mid \_ \; \_ \; \_ \; \_$$

Gwiazdy wydały nade mną sąd:
Wieczna jest ciemność, wieczny jest błąd.
Ty, budowniku nadgwiezdnych wież,
będziesz się tułał jak dziki zwierz,
zapadnie każdy pod tobą ląd,—
wśród ognia zmarzniesz—stlisz się jak lont.

A gwiazdom odparł królewski duch:
Wam przeznaczono okrężny ruch,
mojej wolności dowodem błąd,
serce me dźwiga w głębinach ląd.
Poszumy płaczą mogilnych drzew,
lecz w barce życia płynie mój śpiew.
Ja, budowniczy nadgwiezdnych miast,
szydzę z rozpaczy gasnących gwiazd.
     (T. Miciński, "Ananke")

By comparison with other lines, 9-syllable lines occurred less frequently in stanzas. One of the more recent quatrains was a combination of the 9-syllable oxytonic verse with the 10-syllable paroxytonic lines:

´ _ ´ _ ´ _ ´ _ ´

´ _ ´ _ _ _ ´ _ ´ _

Wyszedł z ściany jak z otwartych drzwi,
Dotknął dłoni bezcielesnym gestem—
I rzekł: "Nie myśl, że to sen sie śni,
Bo przed tobą oto duchem jestem."

Na ten głos zacieleśniał pod rąk
Błagających o kształty dotknięciem—
I wśród twórczych cieleśnienia mąk
Anioł odbył gorzkie wniebowzięcie.

Jaki był? Półcielesny jak wiatr,
Marmurowy, lecz marmurem światła,
Jakby blaskiem w kształt człowieczy wpadł—
Słupem srebra wyrósł na posadzkę.
        (W. Bąk, *"Wizja"*)

8. The history of the 10-syllable line began with Jan Kochanowski. He introduced it in some translations of the psalms as well as in original songs. He cultivated the variety with the caesura after the fourth syllable; and although his verse was syllabic, sometimes it exhibited the regularity of the syllabic-accentual system:

Serce roście, patrząc na te czasy:
Mało przedtem gołe były lasy,
Śnieg na ziemi wyszej łokcia leżał,
A po brzegach wóz nacięższy zbieżał.

Teraz drzewa liście na się wzięły,
Polne łąki pięknie zakwitnęły,
Lody zeszły, a po czystej wodzie
Idą statki i ciosane łodzie.
        (J. Kochanowski, *Pieśni*)

```
´ _ ´ _ _   ´ _ _ _ ´
´ _ ´ _ _   ´ _ _ _ ´ _
_ _ ´ _ _   ´ _ ´ _ ´ _
_ _ ´ _ _   ´ _ ´ _ ´ _
_ _ ´ _ _   ´ _ ´ _ ´ _
´ _ ´ _ _   ´ _ _ _ ´ _
_ _ ´ _ _   _ _ ´ _ ´ _
_ _ ´ _ _   _ _ _ _ ´ _
```

Later the symmetrical variant, with the caesura after the
fifth syllable splitting the line in two equal parts, became more
widely used. It gained much popularity among the poets of
the Baroque period, and it remained a favorite of the Classicists
and their immediate successors. Trembecki gave it charming
elegance:

> Śliczna z postaci, żywa jak łania,
> Oczki jak zorza, usta w rubinie,
> Z rączym się wiatrem w tańcu ugania,
> Chwyta za serce, kto się nawinie.
>
> Nóżki się ledwo widzieć pozwolą
> I tylko czasem tykają ziemi,
> Wszystkie w niej członki razem swawolą,
> A zefir igra z szaty wiotkiemi.
>   (St. Trembecki, "Do Kossowskiej w tańcu")

Franciszek Karpiński combined it with 8-syllable lines
in the idyll "Laura i Filon." It can be found in the poems of
Kniaźnin, Zabłocki, Węgierski, Szymanowski, Godebski, and
others. Mickiewicz used it in his ballads. Słowacki turned to
it in his early narrative poem *Żmija* (The Snake) and in
his late lyrical poems, "Do autora 'Skarg Jeremiego'" and
"Anioł ognisty—mój anioł lewy." It was often associated with
folk poetry and with songs, as is evident in certain poems by
Teofil Lenartowicz:

Rosła kalina z liściem szerokiem,
Nad modrym w gaju rosła potokiem,
Drobny deszcz piła, rosę zbierała,
W majowym słońcu liście kąpała.
W lipcu korale miała czerwone,
W cienkie z gałązek włosy wplecione.
Tak się stroiła jak dziewczę młode
I jak w lusterko patrzyła w wodę.
Wiatr co dnia czesał jej długie włosy,
A oczy myła kroplami rosy.
      (T. Lenartowicz, "Kalina")

9. The growth of the most common variant of 11-syllable verse and the Polish alexandrine coincided with the development of early syllabism. Their main patterns were basically similar:

$$- - - \acute{-} - \quad - - - - \acute{-} - \qquad (11)$$
$$- - - - \acute{-} - \quad - - - - \acute{-} - \qquad (13)$$

Both enjoyed tremendous acclaim for several centuries. Their influence should be measured not only by their frequency, but also by frenzied efforts of some contemporary poets to overcome their supremacy. Sometimes their scheme was altered only superficially—by adopting a modified graphic form, as is apparent in the recent volume *Kanon* by Stanisław Grochowiak:

Nieznany żołnierz—
Przez chwilę był znany
Kapral przysięgał: ja cię popamiętam
Wracaj na tarczy—też mu powiedziano
A niósł na sobie spojrzenia narodu

Tak się przedziwnie
Z nagła zawieruszył
Biegł—i oblekał tysiąc różnych masek

Miał twarz pradziadka
Dziadka
Ojca
Swoją
A został tylko pysk przeciwgazowy

NN
Jak kiedyś
"Nieślubny" w metryce
Stoi ten bękart w całych ludzkich dziejach
Zastygły w posąg
Nad zdjętym plecakiem
Gdzie szukał Boga buławy i brukwi
(St. Grochowiak, "NN")

The prosody of this poem would look traditional if it were printed in a conservative way, even without punctuation marks:

Nieznany żołnierz—przez chwilę był znany
Kapral przysięgał: ja cię popamiętam
Wracaj na tarczy—też mu powiedziano
A niósł na sobie spojrzenia narodu

Tak się przedziwnie z nagła zawieruszył
Biegł—i oblekał tysiąc różnych masek
Miał twarz pradziadka Dziadka Ojca Swoją
A został tylko pysk przeciwgazowy

NN jak kiedyś "Nieślubny" w metryce
Stoi ten bękart w całych ludzkich dziejach
Zastygły w posąg Nad zdjętym plecakiem
Gdzie szukał Boga buławy i brukwi

There were numerous attempts to create modified varieties of the 11 and 13-syllable line within syllabic as well as syllabic-accentual systems. However, the fascination of these two types of verse remains practically unshakable; they reappear time and again in various disguises which can be easily deciphered.

10. Twelve-syllable verse was destined to occupy a marginal position. One of its early variants, with the caesura after the seventh syllable, resembled the alexandrine with the second part reduced by one syllable. It opened the series of the nineteen *Laments* by Jan Kochanowski, and was used in his other poems:

> Wróć mi serce, Jadwigo, wróć mi, prze Boga,
> A nie bądź przeciwko mnie tak barzo sroga.
> Bo po prawdzie z samego serca, krom ciała,
> Nie baczę, żebyś jaki pożytek miała;
> A ja trudno mam być żyw, jeśliże muszę
> Stracić lepszą część siebie, a owszem duszę.
> Przeto uczyń tak dobrze: albo wróć moje,
> Albo mi na to miejsce daj serce twoje.
> (J. Kochanowski, "Do Jadwigi")

The other known variant had the caesura after the sixth syllable, so that every line consisted of two symmetrical parts. As to the feet, they could be trochaic or amphibrachic. These alternatives could be seen even in the syllabic verse at the beginning of the seventeenth century:

> Gdyby mie Kupido odział swymi pióry,
> Żebym mógł przelecieć przez lasy, przez góry!
>
> Lecz próżno cię moje szukają powieki,
> Której nie obaczą pod słońcem na wieki . . . .
> (Sz. Zimorowic, "Haniel")

Cyprian Kamil Norwid endowed the same kind of amphibrachic tetrameter with impressive dignity:

> Poważny narodzie! Cześć tobie w tych, którzy
> Mongolsko-czerkieskiej nie zlękli się burzy—
> I Boga Mojżeszów bronili wraz z nami
> Spojrzeniem rycerskim, nagimi piersiami
> Jak starsi w historii, co ręką na dziczę

Kiwnąwszy z wysoka, wołają: "Dotrwałem!
Chorągwi nie badam, nie chłopy twe liczę,
Bo kiedy-ś był nicość, ja mleko już ssałem—
Naturę znam dawniej!—więc przeklnę wędzidła,
I staniesz na koniu jak pastuch—bez bydła!
(C. K. Norwid, "Żydowie polscy")

In a poem of Leopold Staff the emphasis was put on
the swinging effects of the amphibrachic rhythm:

O szyby deszcz dzwoni, deszcz dzwoni jesienny
I pluszcze jednaki, miarowy, niezmienny,
Dżdżu krople padają i tłuką w me okno . . .
Jęk szklany . . . płacz szklany . . . i szyby w mgle mokną,
I światła szarego blask sączy się senny . . .
(L. Staff, "Deszcz jesienny")

11. Lines exceeding the length of the alexandrine were
known already in the seventeenth century. One of the modern
versions of the 14-syllable line is a syllabic-accentual combination of paeons III and amphibrachs:

W szarym oknie sklepiku stała srebrna trumienka,
A przed szybą—maleńka, biedna, chuda panienka.

Zapatrzyła się w okno, w swoje nikłe odbicie,
I w trumienkę śmiertelną, i w nieżywe swe życie.

I nie patrząc patrzała; i nie wiedząc wiedziała;
I na morzach płynęła, i pomocy wołała!
(J. Tuwim, "Moment")

Some lines contained over twenty syllables. Ignacy
Baliński composed a poem consisting of 16-syllable lines
with prevailing trochaic or paeonic feet:

Kędy spojrzeć, przestrzeń biała, przestrzeń biała,
Na mil setki się rozlała, rozesłała, skamieniała.

A na śniegu szereg długi, wojska strugi i krwi strugi,
A na niebie całun drugi, z chmur wiszących całun drugi.
Wiatr północny chłodem wieje, chłodem wieje, śmiercią wieje,
Tylko cicho stoja knieje, szare knieje, głuche knieje.
                 (I. Baliński, "Berezyna")

The following is a specimen of 17-syllable verse composed by a modern poet:

Dwunastu braci, wierząc w sny, zbadało mur od marzeń
    strony,
A poza murem płakał głos, dziewczyny głos zaprzepaszczony.

I pokochali głosu dźwięk, i chętny domysł o Dziewczynie,
I zgadywali kształty ust po tym, jak śpiew od żalu ginie.

Mówili o niej: "Łka, więc jest!"—i nic innego nie mówili,
I przeżegnali cały świat—i świat zadumał się w tej chwili . . .
              (B. Leśmian, "Dziewczyna")

12. The Polish hexameter has had a respectable and complex past, and its development constitutes an important chapter in Polish versification. The prestige of ancient Greek and Latin epics accounted for part of the special interest in hexametric verse. However, for three centuries the syllabic alexandrine was considered its satisfactory equivalent. As a matter of fact, a 13-syllable line can contain six stresses.

The translations of the *Iliad* by Jan Kochanowski (a fragment) and Franciszek Ksawery Dmochowski (1762–1808) were written in rhymed syllabic alexandrine. Stanisław Staszic made one innovation—assonances instead of rhymes. Tadeusz Nowaczyński produced some translations of the ancient epigrams in a manner allegedly supporting his theory that there were long and short vowels in Polish, but his experiment did not meet with approval.

The problem of the hexameter came to the fore again at the beginning of the nineteenth century. In his *Prozodia polska* Królikowski (1821) made some references to the ancient hexametric rhythm. He conceded that the caesura could be oxytonic or paroxytonic, but he maintained that its place was within or after the third foot.

Mickiewicz was the first Polish writer to introduce hexametric verse in poetry. It appeared in his historical poem *Konrad Wallenrod* (1828) in the tale of Wajdelota (a Lithuanian bard). The poet was aware that his verse was a novelty. In the preface to the poem he voiced some disagreement with Królikowski's opinions. He also pointed out the differences between his verse and the Homeric meter: one of them was that his verse lacked spondees, another was that he substituted the antibaccus ($\smile\smile\_$), e.g., "Krzyk mojej/ matki, for some dactyls. The effect of his efforts can be well illustrated by the following excerpt:

> Walter stoi i prawi cuda o krajach niemieckich
> I o swojej młodości. Wszystko, co Walter powiadał,
> Łowi uchem dziewica, myślą łakomą połyka;
> Wszystko umie na pamięć, nieraz i we śnie powtarza.
> Walter mówił, jak wielkie zamki i miasta nad Niemnem,
> Jakie bogate ubiory, jakie wspaniałe zabawy,
> Jak na gonitwach waleczni kopije kruszą rycerze,
> A dziewice z krużganków patrzą i wieńce przyznają.

```
´ _ ´ _ _ ´ _ ´ | ´ _ _ ´ _ _ ´ _
´ _ ´ _ _ ´ _ ´ | ´ _ _ ´ _ _ ´ _
´ _ ´ _ _ ´ _ ´ | ´ _ _ ´ _ _ ´ _
´ _ ´ _ _ ´ _ ´ | ´ _ _ ´ _ _ ´ _
´ _ ´ _ _ ´ _ ´ | ´ _ _ ´ _ _ ´ _
´ _ _ ´ _ _ ´ _ ´ | ´ _ _ ´ _ _ ´ _
´ _ _ ´ _ _ ´ _ ´ | _ _ ´ _ ´ _ _ ´ _
(´) _ ´ _ _ ´ _ ´ | ´ _ _ ´ _ _ ´ _
```

The stress on the first syllable was optional. The majority of lines were 15 syllables long, but the shortest had 14 and the longest 17 syllables:

Pod niebiosami ognistym unosi się bomba polotem

´ _ _ ´ _ _ ´ _ | _ ´ _ _ _ ´ _ _ ´ _

I przez okno krwawą łunę piorunów uważa

(´) _ ´ _ ´ _ | ´ _ _ _ ´ _ _ ´ _

Pomieszana milczała; jej zdawało się dotąd

(´) _ ´ _ _ ´ _ | ´ _ _ ´ _ _ ´ _

Mickiewicz regarded the hexameter as a basically syllabic-accentual meter. He ignored Królikowski's requirement for dactylic feet in the third position; in his verses the caesura usually fell between a trochee and a stressed syllable. In the quoted lines only two followed Królikowski's stipulation.

Mickiewicz's pioneering effort was met with interest and encouraged some of his successors. Norwid composed a rhymed hexametric poem in which accentual regularity was more pronounced: the first feet were exclusively trochees, and the first syllable was regularly stressed (though sometimes this stress was weakened). Every line consisted of 15 syllables, and the distribution of the stresses was almost uniform:

> Czemu, Cieniu, odjeżdżasz, ręce złamawszy na pancerz,
> Przy pochodniach, co skrami grają około twych kolan?
> Miecz wawrzynem zielony gromnic płakaniem dziś polan,
> Rwie się sokół i koń twój podrywa stopę jak tancerz.
> Wieją, wieją proporce i zawiewają na siebie,
> Jak namioty ruchome wojsk koczujących po niebie.
> Trąby długie we łkaniu aż się zanoszą, i znaki
> Pokłaniają się z góry opuszczonymi skrzydłami,
> Jak włóczniami przebite smoki, jaszczury i ptaki,
> Jako wiele pomysłów, któreś dościgał włóczniami.
>   (C. K. Norwid, "Bema pamięci rapsod żałobny")

´ _ _ ´ _ _ ´ _   ´ _ _ _ ´ _ _ ´ _

(´) _ ´ _ _ ´ _   ´ _ _ _ ´ _ _ ´ _

´ _ ´ _ ´ _ ´   ´ _ _ _ ´ _ ´ _ ´ _

´ _ ´ _ ´ _ ´ _   _ ´ _ ´ _ _ _ ´ _

´ _ ´ _ ´ _ ´ _   (´) _ _ ´ _ _ ´ _

´ _ ´ _ ´ _ ´ _   ´ _ _ _ _ _ ´ _

´ _ ´ _ ´ _ ´ _   ´ _ _ _ _ _ ´ _

(´) _ ´ _ _ ´ _   (´) _ _ ´ _ _ ´ _

´ _ ´ _ ´ _ ´ _   ´ _ _ ´ _ _ ´ _

´ _ ´ _ ´ _ ´ _   ´ _ ´ _ ´ _ ´ _

In some instances the hexameter lost all its early flexibility and acquired the regularity of orthodox syllabic-accentual verse with uniform stresses. Another feature of the Polish hexameter was its frequent association with couplets (as had been habitual in ancient poetry):

Przejeżdżał rycerz błękitny przez miasto nocną godziną,
Wieżami ostrzył się kościół i księżyc bielał łysiną.

Cień jeźdźca ślizgał się za nim jak wąż i drżał
   nieprzytomnie—
Snadź chciał się skryć w którymś z domów, bo zawsze
   czerniał bezdomnie.

Gdy rycerz przebył już miasto, porwała go gładka droga,
Taka samotna, że tylko w próżnię nie była uboga.

Wśród płaszczyzn gołych, bezdrzewnych, poświaty pełna, by
   mleka,
Na przekór gwiazdom stojącym płynęła droga jak rzeka . . .

A ciemność coraz to bladła i światło było wciąż bledsze—
I wszystko było bezkresne, i Bogiem tchnęło powietrze.
   (J. Zahradnik, "Ballada o błękitnej róży")[1]

The hexameter did not supersede other verse in epic poetry. As a matter of fact, it was not adopted for long

[1]Czeslaw Zgorzelski, *Ballada polska* (Wrocław, 1962), p. 745.

original epics, and its main function was that of providing a form to use in translating classical works. Some recent translations of the *Iliad* and the *Odyssey* (e.g., by Józef Wittlin) were in blank hexameter. Poets also made use of the hexameter in lyrical poetry. It was a favorite meter of Józef Łobodowski, one of the masters of rhythmic effects. He occasionally mixed it with pentameter; sometimes he placed one-syllable words before the clausula. He also modified the first feet, which in his verse could be amphibrachic or paeonic, and inserted the paeons as optional feet in other positions. He adopted the technique of splitting some hexameters into two lines without modifying the general rhythmic fluency:

> Oto grecka falanga po warszawskim maszeruje moście,
> Dniepr szumi w nurcie wiślanym,
> a może Skamander lśni się?
> Bajdaki kozackie płyną, pluszczą miarowe wiosła,
> bierze mnie mocno pod ręce Achilles i mądry Jarosław,
> król Bolesław wychodzi naprzeciw w kirysie,
> uderza szczerbcem we wrota jak w złotą sławę,
> i już się Kijów zmienia w stary achajski Wawel
> i Apollo, Perun gromowłady,
> groźna chmurą na mój kraj opada . . .
>   (J. Łobodowski, "Hellada scytyjska")[2]

Implicit in this sort of verse is an assumption that the sequence of rhythmic units is more important than purely mechanical application of numerical schemes. As for rhymes, they might seem inconsequential (as they were absent in ancient poetry), but they are so deeply implanted in the esthetic consciousness of modern readers that they may convey same effect of homeyness as did unrhymed verse in ancient times.

The next step in the effort to enliven the hexameter and

[2] From *Złota hramota* (1954), p. 97.

adapt it to modern purposes was the more ingenious manipulation of feet. The six traditional accents were to be preserved (naturally with reasonable deviations, typical for the whole Polish syllabic-accentual system); they were the backbone of the meter. But any number of syllables could be used around each stress. In this way the verse would acquire merely an accentual outline. Such modernized hexameter exhibited forcefulness and vitality:

> Czytają fałszywy smutek, niepotrzebne, nierozumne
>   szczęście.
> Głucha litość karki im zgina, hamowany gniew zwiera
>   pięście.
>
> Jak samotne anteny słuchają szumu nieba i ryku chmur,
> Wrzasku syren, chlustania wapna na świeży czerwony mur.
>
> Słuchają, jak w lesie gmerze niską trawę milion
>   mrówczych nóg,
> Jak słońce niezmęczone wali granatem promieni,
>
> Jak się burzy zielony Atlantyk, jak przygięty przez wiatr
>   wyje las,
>
> Jak w chodnikach kopalni "Kleofas" niewidzialny szoruje
>   jaz.
>   (W. Sebyła, "Poeci")

s S s	s S s	S s	s s S s	s s S s	S s
s s S s	S s	s S s	s s S s	S S s	S s
s s S s	s S s	s S s	S s S s	s S s	S
S s S s	s S s	S s	s S s	s S s	S
s S s	s S s	S s	S s S s	S s S s	S
s S s	S s	S s	S s	s S s	s S s
s s S s	s S s	s S s	s s S s	s S S s	S
s s S s	s S s	s S s	s s S s	s S s	S

Naturally the number of syllables could exceed the total advocated in the past; some of the lines contained as many as 19 syllables. Two unstressed syllables could open

the line. Two stresses could be included in a set of syllables equivalent to one foot; in such instances one of them
was treated as weaker, so that the pattern of rhythm was
unimpaired.

Sebyła returned time and again to the hexametric
rhythm as the meter capable of delineating the drama of his
time. He continued to test other innovations. Such was his
poem depicting the horrors of the First World War:

> W rozciapanym butami błocie, w czarnej ziemi, która się
>   pali,
> W szumie ptaków stalowych i huku druzgotanej perdytem
>   stali,
> Zgubiłem siebie daleko na niezmierzonej flandryjskiej
>   równinie,
> W dołach wydartych piorunami, w huraganem mierzonej
>   glinie.
> W leniwych chmurach chloru i w powietrzu fosgenem
>   zatrutym,
> W długich nocach, białych od rakiet, w smrodzie trupów
>   zawisłych na drutach.
> Zaszytego w ziemię nie znajdą po omacku padające pociski,
> Samotnemu w strachu nie będzie głos kamrata jak brata
>   głos bliski.
> Patrzcie! W oczach wypranych na śmiechu to nie ja, to nie
>   strach, nie groza,
> To jest przepaść usłana gwiazdami, które w niej utonęły jak
>   w morzu.
>   (Wł. Sebyła, "Rekord")

If the paeon is designated by P, amphibrach by A,
anapaest by N and trochee by T, the sets of words in this
fragment may be shown in a graphic way:

```
P   A   T     P   T   A
P   A   A     P   A   T
A   T   A     P⁵  A   A
```

```
T  A  P    P  A  T
A  T  T    P  A  A
P  T  A    P  A  A
P  T  A    P  P  A
P  T  A    P  P  T
P  A  A    N  N  A
P  A  A    N  P  A
```

The number of syllables varies between 17 and 20. Yet the rhythmic formula of the hexameter still dominates the poem. (As it can be noticed, in one instance the paeonic foot grew to five syllables.)

4

〜〜〜〜〜〜〜〜〜〜〜〜〜〜〜〜〜〜〜〜

Accentual Verse

Analysis of lines has disclosed that in some cases the number of syllables in separate lines varies and yet the rhythmic cohesion of the poem is not disrupted. This happens whenever the accents prevail over other structural verse components. Such diversity of lines occurred in poems of the seventeenth and eighteenth century written for singing, which may be considered forerunners of the accentual system.[1] In the tragedies of Juliusz Słowacki normal 8-syllable lines are sometimes replaced by longer lines with the same number of stresses. This is obvious in the following passage:

	No. of syllables
A ja tu stoję na górze	8
I podnoszę zemsty ramię!	8
I nogami go depcę i łamię!	10
I rozpędzam precz z pola do miasta!	10
Abyś wiedział, że judzka niewiasta	10
Będąc w usprawiedliwieniu	8
Przed Bogiem swego zakonu	8
Zemstą ojcowskiego zgonu,	8
Jest jak noc, cała w płomieniu . . .	8

(J. Słowacki, *Ksiądz Marek*)

[1] Cf. Wacław Borowy, "Prehistoria polskiego wiersza tonicznego," *Studia i rozprawy*, II, 193–99.

```
_ ´ _ ´ _ _ ´ _
_ _ ´ _ ´ _ _ ´ _
_ _ ´ _ _ ´ _ _ ´ _
_ _ ´ _ (´) ´ _ _ ´ _
_ _ ´ _ _ _ ´ _ _ ´ _
´ _ ´ _ _ _ ´ _
_ ´ _ ´ _ _ ´ _
_ ´ _ ´ _ _ ´ _
_ _ ´ ´ _ _ ´ _
```

Such a swing from 8- to 10- and even 11-syllables
occurs mostly in culminating points of the drama, at the
end of the longer emotional monologues and scenes. In the
translation of *El principe constante*, such switches signal perplexity or excitement of the characters:

		No. of syllables
Mulej.	Niechaj taki dar otrzymam,	8
	Jak najwierniejsi poddani	8
	Pełni serca i przymiotów:	8
	Bo dla usług twych miecza się imam.	10
Feniksana	Cóż mu powiem? o chwilo boleści!	10
na stronie)	Cóż mu powiem?—Ach, umrę z rozpaczy.	10
głośno)	Muleju, czy dobre są wieści?	9
Mulej.	Czy są dobre, sam król to zobaczy	10
	I osądzi—podług mnie, są dobre.	10

(J. Słowacki, translation of *El principe constante*)

Similar rhythmic schemes could be traced in the works
of other poets. Their number seemed to increase in the
epoch of Symbolism. Notwithstanding all these precedents,
it has been generally acknowledged that adoption of the
accentual system in versification began with the publication

of *Księga ubogich* by Jan Kasprowicz (1916). This poet earne
his reputation through poems that conformed with the tradi
tional verse systems, but ultimately he altered his origina
technique. *Księga ubogich* was the first complete volume o
poetry conspicuously and spectacularly demonstrating th
accentual system of verse. Its acceptance by the readin;
public was encouraging.

The units of accentual rhythm are accentual complexes
They consist of an undetermined number of syllables, o
which one is stressed. The number of stressed syllables i»
each line is basically the same. However, the number o
accents is not so definitely determined as are the othe
quantitative elements of verse—syllables and feet. In spoke»
language the strength of the stresses may vary; some of th»
accents are emphatically stressed, others may be reduced t»
a secondary role. For this reason the numerical scheme o
the lines may oscillate. This is discernible in the volume o
Kasprowicz which inaugurated the accentual verse in Polis‖
poetry:

No. o‖
syllable

Przynoszę ci kilka pieśni
Na nutę niewyszukaną.
W górach je naszych zebrałem,
Przy stawach, pod skalną ścianą.

Przy stawach, pod skalną ścianą,
Na tej spadzistej przełęczy,
Gdzie śnieg się jeszcze w tej porze
Błagalnie ku niebu wdzięczy.

Błagalnie się wdzięczy ku słońcu
Ta bryła srebra szczera.
A ono z promiennym uśmiechem
Z wolna jej serce pożera.

Pożera z wolna jej serce

I potem, zadowolone,   8
Podąża w swój pałac zachodu   9
W tryumfu się ubrać koronę.   9
    (J. Kasprowicz, "*Księga ubogich*, XVI")

‿ ´ ‿ ‿ ´ ‿ ´ ‿
‿ ´ ‿ (´) ‿ ‿ ´ ‿
‿ ´ ‿ ´ ‿ ‿ ´ ‿
‿ ´ ‿ ‿ ´ ‿ ´ ‿
‿ ´ ‿ ‿ ´ ‿ ´ ‿
(´) ‿ ‿ ´ ‿ ‿ ´ ‿
‿ ´ ‿ ‿ ´ ‿ ´ ‿
‿ ´ ‿ ‿ ´ ‿ ´ ‿
‿ ´ ‿ ‿ ´ ‿ ‿ ´ ‿
‿ ´ ‿ ‿ ´ ‿ ´ ‿
‿ ´ ‿ ‿ ´ ‿ ‿ ´ ‿
´ ‿ ‿ ´ ‿ ‿ ´ ‿
‿ ´ ‿ ´ ‿ ‿ ´ ‿
‿ ´ ‿ ‿ ‿ ‿ ´ ‿
‿ ´ ‿ ‿ ´ ‿ ´ ‿
‿ ´ ‿ ‿ ´ ‿ ‿ ´ ‿

The number of syllables in the verses is uneven, and
consequently the rhythmic scheme is dependent on the
lines having the same number of stresses. However, this
condition is not strictly adhered to. In the second line only
two stresses would be normally voiced; here it may be assumed that a secondary accent can be placed on the negative
particle "nie." Such an interpretation would hardly be applicable to the fourteenth line, unless a secondary accent
is inserted in the 5-syllable word "zadowolone." Minor
discrepancies of this kind are simply ignored, and they do
not disrupt the impression of rhythmic cohesion, as lines

with three accentual links prevail. This type of accentu
verse became the most popular variety.

There were many echoes of Kasprowicz' unpretentiou
but impressive versification. Other poets sought a greate
rhythmic diversity and a more complex combination c
lines:

No. o
syllabl

Lecą pieśni jak mewy—
gołębie arki skamieniałej—
po gałązkę, po cierpkie życie.
W oparach Bożego gniewu
po niebie się rozwiały
dusze traw ginących rozmaicie. (. . .)   1
Wierzę w fale huśtane odpływem,   1
że powrócę do bosych stóp
na brzegi niknącego oceanu,   1
i wierzę w zmartwychwstanie straszliwe   1
po wiekach daremnych prób,
należne kwiatom i ciału.
(B. Przyłuski, "Żniwa")

Two-accent lines were tested by a number of poets, e.g
Kazimierz Wierzyński:

No. o
syllabl

Święty Boże,
Wszechmocny a tajemny,
Któryś jest na niebie!
Niech żaden nasz pocisk
I żaden wystrzał
Nie padnie daremny
W okrutnej potrzebie.
(K. Wierzyński, "Święty Boże")

```
 ´ —   ´ —
—  ´ —   — — ´ —
— — ´ —   — ´ —
— — ´ —   — ´ —
— — ´ —   ´ —
— — ´ —   — ´ —
— — ´ —   — ´ —
```

Similar is the verse of the "miniature" by Maria Pawlikowska:

	No. of syllables
Srebrna grzechotka	5
Z gwiaździstą koroną	6
Jakiemuż dziecku	5
Ją przeznaczono?	5
Najuboższemu	5
Dziecku rozpaczy,	5
Gdy w objęciach nędzy	6
Wybucha płaczem.	5
Srebrna grzechotka	5
Z gwiaździstą koroną,	6
Z marką piękności	5
Sennie zastrzeżoną. (. . .)	6

(M. Pawlikowska, "Szelest makówki")

The following fragment from a poem by Kazimiera
Iłakowicz represents 4-accent verse; in the last line, which
sounds like a deviation, the words "pełną ptaków" may be
interpreted as a paeon III. The caesura is also used in this
excerpt:

Od czarnej słodyczy jedwabnych snów　　　　1
dusza powstaje i tęskni znów,
i wije wianki i powrozy wije,　　　　　　　1
i zarzuca je gwiazdom i księżycom na szyję,　1
wychodzi z ciała na niebieski połów　　　　1
i wraca z siecią pełną ptaków i aniołów.　　1
　　　　(I. K. Iłłakowicz, "Połów")

```
_ ´ _   _ ´ _   _ _ ´ _        ´        1
  ´ _   _ ´ _   _ _ ´           ´
_ ´ _   ´ _   _ _ ´ _         ´ _        1
_ _ ´ _   _ ´ _   _ ´ _        _ ´ _     1
_ ´ _   ´ _   _ _ ´ _          ´ _       1
_ ´ _   ´ _   _ _ ´ _       _ _ ´ _      1
```

Lines with six stresses were common; the history o
this usage coincided roughly with that of the hexameter
and it partly belonged to the syllabic-accentual system. I
view of uncertain criteria of the accentual verses, it is no
surprising that the two systems could occur side by side
In some cases it is practically impossible to specify the numbe
of accents, even if the accentual character of the verse i
unquestionable. This is the situation in the poems of Józe
Łobodowski, in which the resonance of the syllabic vers
is not infrequent:

Jak blizny po cięciach szabli są struny lutni,
ręka śpiewaka blizny na nowo rozrania.

Raz po raz trafiała w nas pieśń—i otośmy smutni,
jak strzałą z łuku śpiewnego trafiona łania.

Idzie noc, cała z szmerów i błysków,
w pustyni usnął morderczy samum.

Przy ognisku, dogasającym ognisku
Siedzimy, jak żałobni ptacy.
A niebo jest jak zwój rozpostarty Koranu,
zapisany wersetami konstelacyj.
(J. Łobodowski, "Kasyda z Jemenu")

Accentual verse was not developed to the same degree
of sophistication as were the earlier systems. Soon after its
triumphant debut other methods of verse-making gained
prominence even before its theoretical background was
submitted to thorough study. Still, the accentual system
survived the turmoil of controversy; certainly its esthetic
possibilities have not been exhausted. One of the poets who
was fond of it and used it with much skill was Konstanty
Ildefons Gałczyński, a fine craftsman:

	No. of *syllables*
Wskazała mi piersi palcem,	8
swoim palcem, królem w pierścieniu,	9
i prosiła, żeby wierszem, żeby walcem	12
umuzycznić ją, rzewnie unieśmiertelnić.	12
Więc dotknąłem klawiszów palcami	10
dla tych rzęs, dla tych ust, dla tej ręki;	10
Pod oknami i za oknami	7
zadźwięczały tony piosenki.	9
I pół świata stało się moim,	9
kiedym takty strof doskonalił—	9
o tych palcach, pachnących powojem,	10
o wieczornych rzęsach Natalii.	9

(K. I. Gałczyński: "Melodia")

5

wwwwwwwwwwwwwwwwwwwwwwwwwwwwww

"Free Verse"

1. Irregular varieties

"Irregular verse" implies some fundamental association with a definite regular system. This connection varies, but car still be distinguished.[1] It may arise if the author sets up hi lines to conform with a definite pattern of versification bu manipulates them in an inaccurate or arbitrary way. Suc treatment of the system concerned may arise from a con scious artistic design.

The first specimens of irregular verse were written i the period when syllabism reigned supreme. In 1699 Krzyszto Niemirycz published *Bajki Ezopowe,* a translation of the fable by Lafontaine, in which he retained the flexible verse of th original French poems. He was well aware of the nove character of his verse and discussed it in a versified introduc tion to his volume. He pointed out that such verse have bee written abroad and that readers acquainted with foreig languages should approve of his innovation. The followin, fable, "Muł pyszny," was taken from Niemirycz's collection

No. of
syllable

Muł u jednego książęcia,
Będąc na stajni zaraz od źrebięcia,   1

[1] The theoretical aspect of the "irregular verse" was discussed by Aleksandr Okopień-Sławińska in *Wiersz nieregularny i wolny Mickiewicza, Słowackiego i Norwi* (Wrocław 1964), pp. 12–16.

92

Dobrze karmiony, dobrze fetowany,   11
Tak był spyszniał, że z swymi kompany   10
Inszej nie chciał miewać gadki,   8
Jeno klaczy, swojej matki,   8
Wynosząc genealogiją,   9
Która, mówił, że była stada królewskiego;   13
I za wielką miałby był sobie konfuzyją   13
Nosić szlachcica prostego.   8
Gdy się już zstarzał, z panem mułem była   11
Promocja nie bardzo miła.   8
Ale się to i koniom tureckim więc zdarza: 13
Od książęcia . . . do młynarza.   8
Tam musiał co dzień ciężkie nosić wory   11
I kijem bierać, ucząc się pokory.   11
           (K. Niemirycz, "Muł pyszny")

As far as the rhythm is concerned, every line included
in this fable could appear in some poem of the regular syllabic kind; but the author brought together five different
lengths of lines containing, respectively, 8, 9, 10, 11, and 13
syllables, and melded them into a cohesive group. The internal
structure of the lines remained unchanged, and their mutual
interdependence was determined not by any specific formal
reasons but by content and syntactic considerations: it should
not be overlooked that the first ten lines constitute a single
complex sentence. Different treatment of syntax was the
basic difference between irregular verse and the syntactic
system, in which the sentential independence of lines
prevailed.

Irregular verse was accepted by the poets of "enlightened" Classicism of the eighteenth century. Ignacy
Krasicki (1735–1801) used it in his works after careful consideration. In the first series of his Fables he still adhered
to the orthodox alexandrine. In his second series, *Bajki nowe*,
as published in 1802, the free verse prevailed. His daring
treatment of verse in this volume provoked some criticism
among the literary authorities of the period (Osiński). "Kogut"

may serve as one of the representative examples of his craftsmanship:

	No. of syllables
Kogut, iż piał na odmianę,	8
Zyskał życie pożądane.	8
W szczęśliwej porze	5
Osiadł na dworze.	5
Skoro raz pan umieścił,	7
Każdy sługa go pieścił.	7
Używając do rady,	7
Pan, panięta, sąsiady	7
Uwielbiali proroka	7
Pół roka.	3
Zapiał był raz po deszczu: odmiana.	10
Więc zaraz z rana	5
Gospodarz w pole,	5
Sąsiad na role	5
Szli zaufale.	5
Ale	2
Wpośród roboty	5
Nadeszły słoty.	5
Kogut winien—więc na niego,	8
On sprawcą wszystkiego złego,	8
On źle poradził,	5
On grad sprowadził,	5
On czas zaziębił,	5
On zasiew zgnębił,	5
On zepsuł pole,	5
On zniszczył rolę.	5
Idąc na śmierć, rzekł nieborak:	8
"Dobrze mi tak, żem był dworak."	8

(I. Krasicki, "Kogut")

Here the author gave preference to shorter lines: the
majority consisted of 8, 6, and 5 syllables, but some of them
were three or even two syllables long. On the other hand
one line was extended to 10 syllables. The rhythm of the

fable helped to convey the trouble the unfortunate cour-
tier—the rooster—had to experience. The abstract analysis
of the formal features of the verse without reference to the
content would be meaningless.

It was not a mere coincidence that the flexible irregular
verse was so often used in the fables. It helped to establish
the atmosphere of naturalness and carefree table-talk mood
of this literary genre. In the allegorical poems in which
animals were the actors it fitted the dramatic content better
than the formal regularity of syllabic verse. The impression
was underscored by vocabulary, syntax, and idiomatic ex-
pressions.

Stanisław Trembecki relied mainly on the popular
classical variants of syllabic verse, but he modified them.
His fables were a convincing display of the concerted effect
of verse and other elements of diction:

	No. of syllables
Racyja mocniejszego zawdy lepsza bywa,	13
Zaraz wam tego dowiodę.	8
Gdzie bieży krynica żywa,	8
Poszło jagniątko chlipać sobie wodę.	11
Wilk, tam na czczo nadszedłszy, szukając napaści,	13
Rzekł do baraniego syna:	8
"I któż to zaśmielił waści,	8
Że się tak ważysz mącić mój napitek?"	11
Baranek odpowiada, drżąc z bojaźni, wszytek:	13
"Ach, panie dobrodzieju! racz sądzić w tej sprawie	
Łaskawie,	3
Obacz, że niżej ciebie, niżej stojąc zdroju,	13
Nie mogę mącić pańskiego napoju."	11
—"Cóż! jeszcze mi zadajesz kłamstwo w żywe oczy?	13
Poczekaj, języku smoczy!	8
I tak rok-eś mię zelżył paskudnymi słowy."	13
—"Cysiam jeszcze . . . i na tom poprzysiąc gotowy,	13
Że mnie przeszłego roku nie było na świecie."	13
—"Czy ty, czy twój brat, czy który twój krewny,	11

Dość, że tego jestem pewny,   8
Że wy mi honor szarpiecie: 8
Psy, pasterze i z waszą archandryją całą   13
Szczekacie na mnie, gdzie tylko możecie: 11
Muszę tedy wziąć zemstę okazałą."   11
Po tej skończonej perorze   8
Łapes jak swego i zębami porze.   11
(St. Trembecki, "Wilk i baranek")

The longer lines were helpful in delineating more effectively the exchange of repartee between the unfortunate victim and the rapacious aggressor trying to find diplomatic reasons for his act of violence. The verse was also more uniform. Yet its fluctuations were sufficient to contrast the natures of the two characters concerned.

In the early development of irregular verse Krasicki and Trembecki represented two parallel trends. Krasicki's style increased the animation of the narrative while Trembecki's was well adapted to description. Their literary successor, Adam Mickiewicz, took over both methods and added his individual touch.

Another literary genre in which irregular verse was used was the "poetic letter" (*épitre*) practiced by various writers of the Enlightenment—Krasicki, Węgierski and others. It provided less opportunity for a display of polished technique than did the elaborate alexandrine, but it reflected more faithfully the changing mood of the versifiers. Węgierski demonstrated this technique by presenting serious issues lightheartedly:

Nie w takt bym pewnie śpiewał: Święty, święty, święty.
Cefas, który jest na czele
Całej niebieskiej kapele,
Mówią, że jest zapalczywy,
Uciął ucho Malchusowi.
Jak mu się dawna cholera odnowi,
Mogę być w niebie z ręki jego nieszczęśliwy.

A potem, jeśli prawdę mam powiedzieć,
  Nie mógłbym tam długo siedzieć,
Gdzie by mi w wieczór, w południe i rano
Co dzień to samo śpiewano.
  (T. K. Węgierski, "Do Ogińskiego, hetmana wielkiego
  litewskiego")

Such versified messages paved the way for the Romanticist expansion of irregular verse in the monodrama. The fourth part of Mickiewicz's *Dziady* was the first attempt to use the fluctuations of this verse in expressing the rhythm of emotional passion, and Juliusz Słowacki followed the lead in his tragedy *Kordian* (1834).

The poetics of the Classicists permitted the use of irregular verse in the ode, but for quite a long time Polish poets did not take full advantage of it.[2] It was tested by young Mickiewicz in his "Ode to Youth" which, however, reflected also the impact of Romanticism. Hymns, predictions, and prophetic visions were often written in irregular verse. To this category belonged Mickiewicz' "Hymn na zwiastowanie N. M. Panny," the so-called "little improvisation" in the third part of *The Forefathers' Eve*, and the vision of Father Peter in the fifth scene of this drama. Słowacki put in the mouth of the prophetess Roza Weneda the fantastic augury of the national disaster:

HARFIARZE.
  Więc za trzy dni noc płomieni?
ROZA WENEDA.
  I noc okropności mściwa
  I wiek haraczu . . .
  Pół rycerzy od piorunu zginie, pół od miecza.
  Wódz dwie głowy mieć będzie, jedna człowiecza,
  Druga głowę trupią wódz mieć będzie.

[2]Cf. Stefan Sawicki, "Problematyka badań nad wierszem wolnym," *Roczniki Humanistyczne Towarzystwa Naukowego Katolickiego Uniwersytetu Lubelskiego*, III (Lublin, 1960), pp. 5–65.

Ja ostatnia zostanę żywa,
Ostatnia z czerwoną pochodnią:
I zakocham się w rycerzy popiołach,
I popioły mnie zapłodnią,
A swatami będą dęby z płomieniem na czołach,
A łożem ślubnym będzie stos rycerzy.
Kto konając we mnie uwierzy,
Skona spokojny:
Ja go zemszczę lepiej od ognia i wojny,
Lepiej niż sto tysięcy wroga,
Lepiej od Boga . . .[3]

      (J. Słowacki, *Lilla Weneda*)

Here some tendency toward syllabic-accentual verse is evident, as the rhythm produced arrangements of feet distinctly accentuated. As the syllabic-accentual system gradually expanded, its basic features were reflected in irregular verse. Trochaic, iambic and amphibrachic feet could be clearly distinguished. Amphibrachs prevailed in the fragment of the poem *Kazimierz Wielki*, by Wyspiański; they were obviously intended to create onomatopoeic resonance:

1. Idą posępni,
   a grają im dzwony
   ze wszystkich kościołów,
   a grają im dzwony
   żałobne,
2. Idą posępni,
   a niosą korony
   ozdobne,
   misterne, a dla nich
   ciążące jak ołów,
   korony sczerniałe,
   pogrobne.

      (St. Wyspiański, *Kazimierz Wielki*)

---

[3] Aleksandra Okopień-Sławińska classified this excerpt as an example of free verse (*op. cit.*, pp. 100–101). The feet of the fragment reveal its association with the syllabic-accentual system.

2. Expansion of "vers libre"

The terms "irregular verse" and "free verse" are sometimes treated as synonyms. However, there is a definite distinction. Irregular verse can be associated with certain traditional verse patterns, namely, syllabic, syllabic-accentual, or accentual; the graphic splits dividing the poem into lines do not necessarily reflect the system to which the poem belongs—they indicate to those who recite the way the text is to be read or underline more emphatically emotional and intonational nuances. In modern Russian poetry such was the technique of V. Mayakovski, whose poems belong mainly to the accentual system, but who used the verse patterns to suggest a specific method of intonation.[4]

On the other hand, there are poems whose rhythmic concepts cannot be directly associated with any of the traditional systems of versification. Such was the poetry of Walt Whitman and of some European writers, e.g., Verhaeren and Mallarmé. The verse of their poems could not be held to any numerical standard.

The poetry of C. K. Norwid often reflected a similar approach, resulting from a conscious design. His divergence from his contemporaries was conspicuous even in poems in which some of the traditional devices (e.g., the stanzas) were used:

	No. of syllables
O! ulico, ulico . . .	7
Miast, nad którymi *krzyż,*	6
Szyby twoje skrzą się i świecą,	8
Jak źrenice kota, łowiąc mysz.	9
Przechodniów tłum, ożałobionych czarno	11
(W barwie stoików),	5

[4]Cf. Zbigniew Siatkowski, "Wersyfikacja Tadeusza Różewicza wśród współczesnych metod kształtowania wiersza," *Pamiętnik Literacki,* XLIX (1958), 120–22.

Ale wydąża każdy, że aż parno   11
Wśród omijań i krzyków.   7

Ruchy dwa i gesty dwa tylko: 9
Fabrykantów, ścigających *coś* z rozpaczą   12
I pokwitowanych z prac przed chwilką,   10
Co—tryumfem się raczą . . .   7

Konwulsje dwie, i dwa obrazy: 9
Zakupionego z góry *nieba*   9
Lub—fabrycznej *ekstazy*   7
O—kęs chleba!   4
  (C. K. Norwid, "Stolica")

Among these sixteen lines eight different lengths are used with from 4 to 12 syllables. Even if some of the lines are reminiscent of the traditional pattern, they sound unorthodox in this context. The rhyming and stanzas are familiar, but their sequence makes the verse patterns unpredictable. The graphic techniques acceptable to Norwid's contemporaries did not meet his esthetic needs. One of his habitual devices is using italics which single out significant words and provide cues for reciting. Some passages in the poem resemble the syllabic-accentual verse, but no regular rhythmic pattern can be traced. At first there are a few amphibrachs, later the trochees seem to prevail, and the fifth line sounds iambic. The author introduces many-syllable words in which secondary stress is uncertain: "ożałobionych," "pokwitowanych," "zakupionego." In the tenth line the words "Fabrykantów" and "ścigających" switch the rhythm to paeonic feet. For readers accustomed to syllabic and syllabic-accentual verse almost every line of his poetry held a rhythmic surprise.

In comparison with the verses of Norwid, carefully designed but deliberately unorthodox, the *vers libre* of the Polish Symbolists sounded more familiar. It often explicitly followed verse patterns already known and associated by the readers with definite poems. This method of hints and allusions

conveyed through the devices of versification was adopted
in Jan Kasprowicz's *Hymns;* e.g., "Dies irae" pointed to
litanies and to the well-known medieval Latin poem of the
Last Judgment:

> Jakaż to orgia dzika!
> Jakiż to chaos mąk!
> Kyrie elejson!
> Idą na się zmartwychwstali,
> ogniem wojny świat się pali,
> tłumy w krwawej brodzą fali!
> Adamie potępiony, zwróć się z strasznych dróg!
> Zawiśnij na twym krzyżu, sterczącym w niebiosa,
> i nie patrz, gdzie w spokoju Ewa jasnowłosa,
> piekielny zająwszy próg,
> do rozpustnego przytula się gada!
> O biada!
> (J. Kasprowicz, "Dies irae")

The poet added a medieval touch to his poem by
emphasizing the sentential structure of the individual lines.
Such technique of rhythmic allusions proved to be efficient,
and it was adopted by many modern poets.

Free verse did not disappear with the advent of the
accentual system. The increased role of the accents could
be distinguished in the late poems of Leopold Staff (1878–
1957) written in heterosyllabic verse:

> Trzy małe miasta,
> Tak małe, że mogłyby wszystkie
> Zmieścić się w jednym . . .
>
> Nie ma ich na mapie,
> Zburzono je czasu wojny,
> Bo mieszkali w nich ludzie
> Pracowici, cisi,
> Miłujący pokój.

> O bracia letni, obojętni,
> Czemu z was nikt tych miast nie szuka?
> Jakże jest biedny człowiek, który
> O nic nie pyta.
>
> > (L. Staff, "Trzy miasta")

The poem was unrhymed and the number of syllables in the lines was optional, so there was no necessity for the use of run-on lines, as no direct interference between the syntax and the verse pattern occurred. Consequently *vers libre* may resemble the sentential system but other structural solutions are also acceptable; Staff suspended the penultimate line of his poem in a most surprising place—after the relative pronoun "który," which was cut off from the remainder of the clause. Here the purpose was to introduce an interval before the culminating moment of the poem which required momentary reflection, as if the last words were conceived with some effort.[5] Such devices reflected the movement toward "difficult speech." They were well known to Norwid, and recently became widely used by modern poets; the Cracovian avant-garde introduced them with considerable skill. The adopted method also infected the intonation modifying the interplay of anticadenza and cadenza. Occasionally it could be interpreted as an introduction of everyday conversational speech, with its unpredictable hesitations and intervals, into poetic diction. Such was the manner often adopted by K. I. Gałczyński who occasionally adhered to traditional verse:

> Szkoda, że
> stało się,
> szkoda, że
> nie ma, że . . .
> eech, próżna mowa.

[5] The term "the intonational principle of 'difficult speaking'" was introduced by M. Renata Mayenowa in "Stylistyczna motywacja polskiego tonizmu." Cf. also "Wersyfikacja Tadeusza Różewicza," in Siatkowski, *op. cit.*

Norwid, ten
pisałby,
Tycjan i
Rembrandt, i
Loon by malował.
Ręce jak
miękki sen,
oczy jak,
czy ja wiem,
wiadomo: oczy.
      (K. I. Gałczyński, "Płacz po Izoldzie")

3. Emotional system

In the poem "Stolica" by C. K. Norwid it was significant that the words singled out by italics were placed, in four cases out of five, at the end of the lines. The poet apparently considered the most important words of the text as structural milestones requiring some graphic distinction. The italics signaled the growing structural importance of emotional stresses.

Emotional pulsation may become the basic criterion of verse-making. Modern poetry did attempt to consider emotional stresses as a guide. Following the sentential, syllabic, syllabic-accentual, and accentual systems, the fifth system of emotional verse was established. In certain aspects it was related to the accentual verse and to some varieties of vers libre.

Here again Norwid was the pioneer and the protagonist. In connection with the developments in modern poetry his poem, "Na zgon ś. p. Józefa Z., oficera Wielkiej Armii," has often been quoted; it was to be enclosed in the volume *Vade mecum*, but differed in many respects from other poems of this collection:

Przedwieczny—którego nam odkrył Syn
I o którym więc możemy mówić bezpiecznie,

Chociaż nigdy Go nie widzieliśmy—
Przedwieczny nie pragnie boleści *tej*,
Która osłupia serce ludzkie,
W wytrwały je zamieniając głaz.
Przenosi On *ową* raczej, która zwycięża
Siebie sama—i z pociechami graniczy.
Ucho Jego pełne jest miłosierdzia,
Ani rade słuchać jęków człowieczych;
Lecz skoro się gdzie nadłamie trawa polna,
Upuszcza On na nią kroplę rosy,
Która, z tak ogromnego Nieba,
Utrafia na drobne miejsce swoje.
—Dlatego to w epoce, w której jest więcej
Rozłamań niźli *Dokończeń* . . .
Dlatego to w czasie tym, gdy więcej
Jest *Roztrzaskań*, niżeli *Zamknięć*—
Dlatego to na teraz, gdy więcej jest daleko
Śmierci, niżeli *Zgonów*:
Twoja śmierć, Szanowny Mężu Józefie,
Doprawdy, że ma podobieństwo
Błogosławionego jakby *uczynku!*
—Może byśmy już na śmierć zapomnieli
O chrześcijańskim zgonu pogodnego tonie
Widząc—jak wszystko nagle rozbiega się
I jak zatrzaskuje drzwiami przeraźliwie:
Lecz mało kto je zamknął z tym królewskim wczasem i pogodą,
Z jakimi kapłan zamyka Hostię w ołtarzu.
　　　(C. K. Norwid, "Na zgon ś. p. Józefa Z . . .")

　　　The poem was conceived as a kind of funeral oration extolling a serene death. Obviously the poet conceived it for oral delivery. Half a century later Mayakovski's poems would hint at oratory in large public meetings; his "ladder verse" epitomized poetry designed to be of emotional appeal to the crowds. Norwid eliminated repetitive scansion. He varied the length of separate lines from seven to seventeen syllables. He gave priority to longer lines, which fitted the content of the poem, but he avoided uniformity. He also seemed to dislike any semblance of regular sequence of accents and feet. The verses could not be classified as sentential; some of the sentences were cut off at the end of the line and resumed in the following line. Norwid got along without rhyming. On the other hand, he emphasized the verse structure by using other devices. He made his anaphoras conspicuous. He repeated some words in strategic positions: at the beginning "Przedwieczny," and "Dlatego to" (three times), and closer to the end, "więcej" or "więcej jest daleko." The poet stressed essential words by italics. Above all, the work could be mistaken for prose, as there was an emotional justification for its division into graphically independent lines.

The pressure of spoken language is even more conspicuous in modern poety. When the emotional undercurrent conflicts with established verse patterns, anticadenzas and cadenzas may be treated in an inappropriate way and normal syntactic sequences may be interfered with. In this respect some poets of the period between the two World Wars followed Norwid, whose influence coincided with that of some contemporary Western poets (above all G. Apollinaire). The Cracovian avant-garde excelled in this type of verse, even when rhyming was not abandoned:

Słyszę:
kamienuje tę przestrzeń niewybuchły huk skał.

To—wrzask wody obdzieranej siklawą z łożyska
i
gromobicie ciszy.

Ten świat, wzburzony przestraszonym spojrzeniem,
uciszę,
lecz—
nie pomieszczę Twojej śmierci w granitowej trumnie Tatr.
    (J. Przyboś, "Z Tatr")

In recent poetry the emotional system gained ground and has become a subject of careful analytical study. One of its outstanding representatives is Tadeusz Różewicz. In the following poem the shorter lines seem to prevail and there is a stanza-like arrangement of lines. The poem sounds like a discreet manifesto of the poet:

Zamiast tylu głów
chciałem im przyprawić jedną
piękną jak kościelna wieża

Chciałem dać
jedno oblicze
szarej masie
która
świeci pod ulewą potu
Szedłem pisałem
aby zaludnić
białe miejsca na mapie
wyobraźni I tu zderzyłem się
z żywymi ludźmi
z ich oczu czasem płynęły łzy
a w piersiach
zaciskało się i rozwierało serce
tylko głowa była niema
i naga jak młot

nie znaleźliśmy wspólnego języka
Teraz uczę się mówić
od początku
      (T. Różewicz, "Wyznanie")

The opening passage, consisting of one 5-syllable line and a pair of traditional 8-syllable lines of trochaic pattern, sounds almost like an invitation to a syllabic-accentual scanning. This reminder of the traditional rhythm illustrates the method of rhythmic allusion practiced by many modern poets. The echoes of familiar lines can be distinguished in the rest of the poem. This background foreshadows the final statement: the poet and the people did not find a common language; therefore, the poet must learn to speak in a different manner. In order to follow all rhythmic fluctuations of the poem it is necessary to grasp not only the content but also its emotional nuances, as no consistent numerical standard serves as a guide. Różewicz was aware of his predicament. He felt that verse patterns were not just formal devices to fit preconceived designs but that they essentially depended on the messages the poet wanted to convey. He pointed out that mechanical application of petrified verse models would be detrimental to the basic purpose of poetry—communication:

Te formy niegdyś tak dobrze ułożone
posłuszne zawsze gotowe na przyjęcie
martwej materii poetyckiej
przestraszone ogniem i zapachem krwi
wyłamały się i rozbiegły

rzucają się na swego twórcę
rozdzierają go i wloką
długimi ulicami
po których już dawno przemaszerowały
wszystkie orkiestry szkolne procesje
jeszcze oddychające mięso

wypełnione krwią
jest pożywieniem tych form doskonałych

zbiegają się tak szczelnie nad zdobyczą
że nawet milczenie nie przenika
na zewnątrz
  (T. Różewicz, "Formy")

This thrilling vision of the forms preying upon the poet and closing over him so tightly that even silence cannot be set free portrays the conflicts accompanying the birth of modern verse.

Lack of many traditional features attributed to the verse in the past raises the question of the formal difference between poetry and prose. This problem was considered in the analysis of contemporary Russian verse by B. Unbegaun;[6] it also was raised by Julian Krzyżanowski in his review of modern Polish prosody.[7] It seems that even in the radical manifestations of free verse there remain certain characteristics belonging only to poetic diction. A brief review of them would be an appropriate conclusion to these reflections on Polish emotional verse.

First, in prose the dissection of the text into smaller formal units is defined by punctuation marks but still depends largely upon the reader. (The passages of artistic prose are not rhythmic units but portions of the text based on the requirements of the content; some writers, e.g., Proust, did reduce the number of such units to a bare minimum.) In poetry the graphic isolation of the individual lines predetermines the interpretation of the text and establishes some degree of rhythm which becomes an element of esthetic reception. In other words, the auditory qualities of poetry are more conspicuously organized.

Second, this orderly composition produces certain effects which are nonexistent in prose: interaction between the formal aspects of the verse and the syntax; interplay of the anticadenza and the cadenza; and various degrees of suspense and tension. In prose it does not matter if a sentence is suspended at the end of one line and continued in the next line; in poetry this device is meaningful. Such techniques would contradict the very nature of prose, devised primarily as a means of communication, and would cause complications hampering the efficiency of prosaic texture.

Third, this general approach is occasionally confirmed by the treatment of punctuation, which in Polish (in con-

---

[6] *Russian Versification* (Oxford, 1956), pp. 111–12.
[7] *Nauka o literaturze* (Wrocław, 1966), p. 172.

trast to French and English) marks mainly the syntactic connections. In the numerical systems of versification the reader could grasp concomitantly the syntactic hints and pattern of the verse emanating distinctly from the sequence of syllables and stresses. In modern poetry, where no fixed verse arrangements are used, punctuation might exert too much pressure and obliterate the verse scheme. For this reason some contemporary poets try to use punctuation marks sparingly or eliminate them altogether, so that the balance between syntax and verse pattern may be retained.

In the final analysis the freedom indicated by the fifth system is less radical than it may seem. The essential and fundamental element of poetry—language—is respected, and its basic rules remain in force. The emotional verse is highly susceptible to individual treatment; thus Różewicz succeeded in creating his personal technique, which had considerable appeal. Other poets tried to bypass the limitations of language by challenging its normal use, as has Miron Białoszewski, who earned some recognition:

> Głupia na wieś Zośka na wierzch
> co i w środku
> ale zawsze
> jak mi mówi choćcojdowszystkich
> —ładny pan jest
> —ładny pan jest
> to mi mimo woli
> owszem przyjem
> przy jej mnostkę
> przyjmujostkę
> tym się można
> przejmujastkę
> nie czym innym
>
> zresztą chór pań intelektualny
> z tarasów Foksal
> dokoła kaw
> one mają środki

—jaki pan dziś ładny
—jaki pan dziś ładny
starsze wstają
idą rzędem
—nie przejmować się
—nie przejmować się
                (M. Białoszewski, "Ładny jestem")[8]

This garbling of words by a lad who is pleased with the suggestion of his handsomeness but is not brazen enough to boast of it openly produces not only grammatical distortion but also the verse pattern, in which some elements are repeated obsessively. The author tries to grasp the confused reaction of the boy, in which words and emotions are intermingled in *statu nascendi,* and forestall the moment when the experience can be crystallized into a regular, well-controlled utterance. Yet the effect of such a method remains a matter for debate.

Contemporary Polish poetry has been a flood of free verse, which reappears in different forms according to the ingenuity of individual writers. It may acquire melodious fluency; it may emphasize definite association with everyday speech or demonstrate the specific charm of "difficult diction." There are still some disagreements among the exponents of different "schools," but former sharp discords accompanying the debut of the avant-garde have subsided, and poets are more understanding of one another.

Poets are aware that contemporary readers are not *tabulae rasae* and that their sensibilities have been molded by the literature of the past. An awareness for their predilections may enrich the texture of their poems. Some modern authors (e.g., Zbigniew Herbert and Stanisław Grochowiak) have exploited the method of formal allusion to past literature with excellent results.

At first glance some contemporary poems may differ

[8]In *Twórczość,* IX (1962), 7.

radically from the poetry of previous generations. Yet the heritage of the traditional versification still perceptibly remains the background of Polish poetry. It is essential in order to assess properly any technique of the avant-garde: opposition is often a subtler and deeper trace of influence than overt imitative subservience.

6

Rhyming

1. Introductory remarks

In addition to syllables and accents, rhyme was the earliest structural device of Polish verse. It appeared in the syntactic system, and coexisted with all subsequent systems of versification. For many centuries rhyming was considered an essential skill of every poet. This conviction was so deeply rooted that the term "rymotwórstwo"—rhyme-making—acquired in the eighteenth century a meaning synonymous with poetry. This word, overemphasizing one aspect of poetic craftsmanship, went out of use in the Romantic period and acquired an almost derogatory meaning; nonetheless rhyming ability was respected and lasted until recent times when its appeal lost much of its previous glamor.

Because of the constant stress on the penultimate syllable Polish rhyme has been predominantly feminine (trochaic, paroxytonic). The existence of a limited number of 1-syllable words was instrumental in the formation of masculine (oxytonic) rhymes with the accent on the last syllable. Theoretically, dactylic (proparoxytonic) rhymes are also possible, as some words with the proparoxytonic accent are available. They are mainly of foreign origin (matemátyka, fízyka, múzyka, etc.) with the addition of the exceptional native words. Some dactylic combinations can be also obtained by adding enclytic particles to words with trochaic accents; here belong the forms of the conjunctive mood (bráłaby, chodzíliby), the past tense (bráliśmy, wiedziéliście), and the reflexive verbs with the pronoun "się" (kúpi się, bóją się). Although some poems with dactylic rhyming have been written, they are usually curiosities rather than works of art.

On a few occasions the modern poets inserted the dactylic rhyme among other rhymes, as did Wierzyński in *Gorzki urodzaj* (1933):

> Nie! to jest twarz nadświata.
> Twarz—kamienna Mahabharata,
> Twarz, którą wyrył rzut polifemi,
> Twarz, którą wzdyma furia chol*éryka,*
> Twarz, którą krzyczy po całej ziemi:
> Heureka, heureka!
> Améryka, Am*éryka*!
> (K. Wierzyński, "New York")

The most recent specimen of this kind of rhyming was produced by the same poet in his volume *Tkanka ziemi* (1960):

> Wysłu*chali je,* opuk*ali je:*
> Dobrze się trzyma, zdrowo.
> Zapomniałem spytać się tylko,
> Które z nich, serce czy słowo.
>
> Prześwietl*ili je,* uziem*ili je*
> Ściegiem na kardiogramie,
> Choć przecież lata, wysoko lata
> I prawdę mówi, nie kłamie.
> (K. Wierzyński, *Tkanka ziemi*)

Basically, rhyme is the term indicating the identity of the stressed vowel and all consecutive sounds of words and lines. However, it is applicable to various cases which do not strictly adhere to this requirement. First of all, certain vowels which are considered different in normal speech are treated in rhyming as identical. This can be said in Polish of the vowels "i" and "y" in a stressed position: such rhymes as "grzywa—szczęśliwa," "winy—przyczyny," "chyli—mili," "cyprysy—lisy" have been perceived as accurate (but not in the unstressed final position, like "nowi—okowy").

The list of other discrepancies tolerated in orthodox rhyming was surprisingly large. They were carefully listed by Kazimierz Nitsch in one of his studies on versification.[1] Here are some of the more widely used pairs:

o—ó: bory—góry; zabójca—ojca; zwróć—po tysiąckroć; zmóc—noc.

o—ą and e—ę (in the final position): spiętrzoną—czerwono; mgłę—złe; krwawą—Warszawo

ą—on, oń; and ę—en, eń: koronka—błąka, słońce— gorejące, tęczy—młodzieńczy, mięsa—ekspensa, słońc —żądz.

e—i, y: okolicy—kobiecy, nie ma—oczyma

i—ej: wchodzi—złodziej, lepiej—krzepi.

Such discrepancies resulted from the historical development of the language and dialectical divergencies and were therefore linguistically justifiable. Thus "ó" had been pronounced as a vowel intermediate between o and u, and only in the nineteenth century did this subtlety disappear from standard Polish, but it still survived in some dialects.

Besides orthodox rhymes other kinds of auditory harmonies were known. For inconsistencies resulting from the addition of consonants at the end ("ulicy—bicykl," "mokre— okręt"), the term "rym osłabiony" (weakened rhyme) was

[1] "Z historii polskich rymów," in *Wybór pism polonistycznych*, I (Wrocław, 1954), 39–41.

suggested.[2] When the stressed vowel was identical but other sounds partly or completely different, the term "assonance" is used. If the stressed vowels were different while other elements were identical or similar, the harmony was labeled *dysonans* (dissonance or consonance): "dopust—zapust," "rosół—wesół," "państw—most").

Usually rhyming had to be isosyllabic; however, heterosyllabic word endings could also be used, e.g., a 1-syllable word could be rhymed with a word with a trochaic ending ("zemst—rejestr").

2. The medieval tradition

The hymn "Bogu rodzica" was a sample of rather sophisticated rhyming. In other early poems of the medieval period the regular feminine rhyme prevailed. The simplest way of creating a rhyming effect was the repetition of the grammatical forms involving the same endings:

> O kwiatku śliczny, rożany,
> Cudniejszy niż malowany,
> Wyszedłeś dzisia z lilijej,
> Z Najświętszej Panny Maryjej.
> 　　(From a carol)
>
> A je z mnogą twarzą cudną,
> A będzie mieć rękę brudną!
> Ana też ma k niemu rzecz obłudną.
> A pełną misę nadrobi,
> Jako on, co motyką robi;
> Sięga w misę prze drugiego,
> Szukaję kęsa lubego:
> Niedostojen nic dobrego!
> 　　("The poem of Slota on table manners")

[2] This term was used by Nitsch, who also suggested other terms: "półrym" (chłopcem-obcy), "półrym osłabiony" (stołku-potknął), "asonans wzmocniony" ("O nowych rymach"), etc. (in "O nowych rymach"). However, his terminology was not universally adopted.

Although in trochaic rhymes the penultimate vowel was usually identical, this was not considered necessary. In some instances the vowels were different, and the ensuing dissonances served as equivalents of normal rhymes:

> Odemkni mu kościół *boży,*
> Ać na tym mrozie nie *leży.* (. . .)

> Więc się na morze *wezbrał,*
> A ociec w żałości *ostał.*
> ("Legenda o świętym Aleksym")

Moreover, the concordance could be reduced to the final consonant:

> Gdy jego ociec usłyszał,
> Iż jego syna wspomionął
> ("Legenda o św. Aleksym")

> Jałmużnym nędznym nie dawał,
> Ofierym Bogu nie czynił
> ("Skarga umierającego")

Such instances supported the belief that in medieval times the foundation of rhyming was shallower than it was in subsequent epochs. This could have resulted from the impact of singing.

The influence of Latin verse was also a factor. In the Middle Ages two different kinds of Latin rhymes were practiced. Beside regular trochaic rhymes various assonances were admissible, e.g., in the hymn of Fortunatus:

> Vexilla regis prodeunt
> Fulget crucis mysterium
> Quo carne carnis conditor
> Suspensus est patibulo

These two basic categories were adopted in the poetry of the Romance languages and could be also seen in Polish medieval poetry. However, there was no prejudice against masculine rhymes:

> Rozesłał po wszem ziemiam lud
> I zadał im wieliki trud

> Tu się był weń zamęt wkradł,
> Mało eże z mostu nie spadł

> A gdy Bogu duszę dał,
> Tu sie wieliki cud stał
> ("Legenda o św. Aleksym")

> A mnogi idzie za stoł,
> Siędzie za nim jako woł,
> Jakoby w ziemię wetknął koł

> A grabi się w misę wprzod,
> Iż mu miedźwno jako miod,
> Bodaj mu zaległ usta wrzod!
> ("The poem of Slota on table manners")

In comparison with later standards, the greatest pecu-iarity of medieval verse was heterosyllabic rhyming. Oxytona could be rhymed with paroxytona. Such a mixture of masculine and feminine endings was not uncommon in "Legenda o świętym Aleksym" ("Czas—obraz," "brał—wiedział," "dać—jadać," "leżał—lał," "najć—przestać") In "Pieśni Sandomierzanina" there were some 4-lined stanzas in which all rhymes were heteroaccentual:

> Zasmęconą matkę swoją,
> W trzecim słowie pocieszył ją.
> Miasto siebie Jana jej dał,
> Aby ją tamo opatrzał.
> ("Pieśni Sandomierzanina")

If such poems were sung, the endings could become uniform through transaccentuation. Occasionally dactylic rhymes were inserted, as in this distich from "Rozmow mistrza ze śmiercią":

Wstał mistrz, jedwo lelejąc się,
Drżą mu nogi, przelęknął się.

One of the Easter songs of the fifteenth century ha both trochaic and dactylic endings:

O Maryje, nie bójcie się,
Do Galilei sie spieszcie.
Zwolennikom tak powiedzcie:
Wstał Pan z martwych, weselcie sie.

Some rhyming habits of the medieval period migh have resulted from the unstable accentuation.[3] The depend ence of rhyme on grammatical inflection is well demonstratec in the table below showing the rhyming features of "Rozmow mistrza ze śmiercią" and "Legenda o świętym Aleksym":

	Rozmowa			Legenda		
	Number		%	Number		%
rhyming of declinable words	97	(194 lines)	39	46	(92 lines)	38.
rhyming of conjugated verbs	72	(144 lines)	29	41	(82 lines)	34.
rhyming of homonyms	14	(52 lines)	10.4	9	(24 lines)	10.
unrhymed lines		(3 lines)	0.6		(12 lines)	5.
non-grammatical rhymes	52	(104 lines)	21.0	14	(28 lines)	11.

Rhyme endings varied in sound, as any kind of auditory concord was permissible. However, the prevalence of gram matical rhymes usually led to some monotony of synta and intonation.

Writers did not yet realize the structural role of rhyming Words appeared in the rhyming patterns merely because o

[3]Cf. Kazimierz Budzyk, "Rozwój języka. O kształtowaniu się styló piśmiennictwa," in *Stylistyka, poetyka, teoria literatury* (Wrocław, 1966), pp. 88–8
[4]Stanisław Furmanik, *Z zagadnień wersyfikacji polskiej* (Warszawa, 1956 pp. 194–96.

phonetic similarity, not as a result of conscious planning of verse components. Rhymes might appear not only at the end of the lines, but also within the lines, e.g., in "Song of the murder of Andrzej Tęczyński":

A jacy to źli ludzie, mieszcz*anie* krakowi*anie*,
Żeście pana sw*ego*, wielki*ego* chorągiewn*ego*,
Zabiliście, chłopi, Andrzeja Tęczyńskiego!

Such instances demonstrated that rhyming helped to underscore changes of intonation within the verses. The medieval rhyming technique survived until the middle of the sixteenth century. Some poets used them even later, and they were habitual in folk songs and ballads.

Gradually trochaic regular rhyme gained supremacy, but at first writers did not feel compelled to discard earlier assonantal rhymes. Biernat z Lublina wrote many fables in which he used mainly the regular feminine rhyme, but sometimes he deviated from this:

Rychło po tym, gdy wieprz *utył*,
Wiódł ji oracz, by go *zabił*;
Wół, onę rzecz kiedy *widział*,
Z wieprza się tako na*śmiewał*.
(Biernat z Lublina, "Proznowanie
w rychłą nędzę przywodzi")

Wilk na się owczą skórę *wdział*
I pokorną postawę *miał*;
Takoż się między owce *wkradł*,
Tajemnie ich wiele *pojadł*.
(Biernat z Lublina, "Wilk wełnisty złodziej isty")

Rej adopted the same technique. The percentage of "inaccurate" rhymes in his verses was still large. He did not shun masculine rhyming, occasionally he inserted a dactylic rhyme, and sometimes he reduced phonetic identity to a single final vowel:

Szczęśliwy, kto żądliwość swą
Znając ku złemu przychylną,
Chowa jako w zamku twardym:
Może być niecnocie hardym.
(M. Rej, *Apoftegmata*)

However, his treatment of rhyming sometimes seemed to be a deliberate process. He used varied rhyming effects for emphasis. In *Krótka rozprawa miedzy Panem, Wójtem a Plebanem*, his placement of the masculine rhymes signaled the end of speeches or singled out remarks of special significance:

Pan. Miły księże, dobrze by tak,
    Lecz podobno czciesz czasem wspak.
Wójt. Więc woła "Illuminare,"
    A ty, chłopku, musisz dare,
    Bo dać przedsię, gdzie wziąć, to wziąć,
    A nie dasz li, wnet będzie kląć.
Wójt. A tak, panie, czołem za cześć,
    Bo już wieczór, już też czas jeść.
    (M. Rej, *Krótka rozprawa miedzy Panem* . . .)

3. Poets of the Renaissance and the Baroque period

Jan Kochanowski adopted regular trochaic rhyming. Only in his earliest poems could occasional deviations from this rule be traced. His elegant, fluent rhyming probably produced an ambiguous impression. It reduced the scale of the former rhyming keyboard and deprived readers of some customary word associations. On the other hand, it was a refreshing manifestation of harmony.

In his verses grammatical rhymes were still frequent but reduced in number. The poet seemed to grasp the structural value of rhyming; at least it helped him to produce fine culminating effects. Occasionally he placed proper names in rhyming positions:

Milczycie w obiad, mój panie *Konracie:*
Czy tylko na chleb swą gębę chowacie?
    (J. Kochanowski, "Na Konrata")

Stań ku słońcu, a rozdziaw gębę, panie *Ślasa,*
A nie będziem innego szukali kompasa:
Bo ten nos, coć to gęby już ledwie nie minie,
Na zębach nam ukaże, o której godzinie.
    (J. Kochanowski, "Na Ślasę")

In some of his "trifles" the witty points coincided with the rhymes; moreover, it acquired more poignancy because of the contrast to the pendant before the caesura:

Trudny (powiada) mój rząd z tymi pany:
Szedłem spać trzeźwo, a wstanę pijany.
    (J. Kochanowski, "O doktorze Hiszpanie")

Uchowaj, Boże, takiego żywota!
Daj raczej miłość, a chocia mniej złota.
    (J. Kochanowski, "Na zachowanie")

Na palcu masz diament, w sercu twardy krzemień;
Pierścień mi, Hanno, dajesz: już i serce przemień.
    (J. Kochanowski, "Do Hanny")

The poet's deliberate rhyming was underscored by his use of blank verse. Kochanowski used it in his drama *Odprawa posłów greckich* (The Dismissal of the Greek Envoys). This work proved that the poet was keeping pace with Western poetics. The introduction of unrhymed verse came at the beginning of the sixteenth century in Italy. *Sophonisba* by Trissino introduced blank verse into Italian drama. Trissino in his preface to *Italia liberata* advocated the extension of blank verse to epic poetry. It was also tested by Spanish

poets writing *al modo italico*, and by some French writers,
e.g., Jodelle and Jean de la Taille. On the other hand, among
the poems of Kochanowski were a few sonnets, a stanza form
which presented special rhyming problems.

In the seventeenth century no fundamental change took
place in rhyming. Yet the leading versifiers displayed increased skill and fluency. Szymon Zimorowicz deftly adapted
rhyming to the stern requirements of his intricate stanzas.
Zbigniew Morsztyn performed an astonishing feat: in "Pieśń
sześciu panien, które w oblężeniu same sobie pęcak tłuc
musiały" he arranged seventy rhymes ending in —aku.

The most accomplished rhymer of the period was
probably Wacław Potocki, in whose poems many unusual
rhymes were inserted. His poetry was filled with "exotic"
rhymes in which proper names were used:

> Którym Chrobry Bolesław gdy Rusina zeprze,
> Żelazne za granicę postawił na Dnieprze,
> Gdy Niemca, co w fortecach i w swej ufał strzelbie,
> Takież kazał kolumny kopać i na Elbie . . .
> (W. Potocki, *Wojna chocimska*)

In this period only feminine rhymes were acceptable.
However, the verses of the burghers were more relaxed in
this respect and preserved some rhyming devices of the
earlier period, e.g., assonances, dissonances, and the masculine rhyme. (Such liberties appeared in verses written for
singing.)

> Ma nadobna dzieweczko,
> U ciebie czarne oczko,
>   Aleś bardzo zła,
>   Nie uprałaś gzła.
> Potrzeba cię bić, bić
> Ukręciwszy wić, wić.
>   ("Piękna i wesoła uciecha")

Ingenious broken rhymes (consisting of two words) became quite common, especially in satirical and humorous verse:

Już też tego aż nazbyt, ale mi się dziwuj,
Chocieś brat matki mojej, tedyś przecie psi wuj.
Wydzierasz siostrzeńcowi, do czego nic nie masz,
Raczej mi i to oddaj, co niesłusznie trzymasz.
    ("Do wuja")

The story of rhyming in the Baroque period would be incomplete without a mention of *Satyry* by Krzysztof Opaliński. In his work the author intimated that he would be capable of writing rhymed poems, but he chose to compile his satires in blank verse, possibly because he considered it a more suitable device for undistorted truth:

Rymowi dałem pokój, choćbym ci mu pono
Był niezgorzej podołał. Dość i tak bez rymu,
Bo i Niemiec powiada: Prawda, chocia nie rym.
    (K. Opaliński, *Satyry*)

His 13-syllable lines sounded natural, and lack of rhymes did not deprive them of expressive vigor. However, he had no followers.

4. The Classicists

The "enlightened" writers of the eighteenth century did not wage any systematic campaign against the rhyming of their predecessors. Yet some mannerisms were derided as a display of clumsiness and lack of taste. That was their view of the reverend Józef Baka, whose volume of verse, *Uwagi o śmierci niechybnej*, was published in 1766. His critics did not seem to notice that his sprightly reflections on imminent death contained an ingredient of peculiar humor:

Śmierć babula
Jak cebula,
Łzy wyciska,
Gdy przyciska . . .
Śmierć matula
Nas przytula,
Głaszcze, wabi,
Nim zadłabi . . .

(J. Baka, *Uwagi o śmierci niechybnej*)

Among the Classicists rhyme became a subject of serious concern. Feliński complained that Polish declension and conjugation made rhyming too easy, and he advised the poets to avoid "grammatical" rhymes. He also demanded complete identity of one and a half syllables involved in trochaic rhyming. He declared himself as an opponent of masculine rhyme. Above all, he suggested naturalness of poetic diction, which could be achieved only if the rhymes were adapted to the subject, not vice versa.

In Feliński's opinion, rhyme was the most valuable ornament of poetry; he felt that the rhymeless satires of K. Opaliński appealed to the readers' minds but not to their ears. His views found support among his contemporaries. F. S. Dmochowski, in a note to his poem "*Sztuka rymotwórcza,*" also warned against easy rhymes with -go (genitive singular of the adjectives: białego—czarnego), -szy (past participle: dawszy—ujrzawszy), -ąc (present participle: pijąc—żyjąc), -ła (grała—dała), -ści (the common ending of the abstract nouns), etc.

"Natural" rhyming was at its best in the poetry of Ignacy Krasicki (1735–1801), called "prince of poets." However, the critics admired above all the mastery of Stanisław Trembecki. According to Feliński, his great contribution was the radical exclusion of all rhyming devices used by lazy or negligent versifiers. Trembecki was not too pedantic about grammatical rhymes, but he greatly reduced their number, and eagerly sought perfect acoustic identity of the rhyming endings.[5] He manipulated the anticadenza and the cadenza by cutting off unfinished sentences before the caesura, so that the rhyming effects became more pronounced. A representative sample of his method was the descriptive poem *Sofiówka* (the name of a park), considered by the Classicists to be a masterpiece. A few lines praising the Ukraine will suffice as an example:

Miła oko, a licznym | rozżywiona płodem,
Witaj, kraino, mlekiem | płynąca i miodem.
W twych łąkach wiatronogów | rżące mnóstwo hasa,
Rozroślejsze czabany | twe błonie wypasa;
Baran, którego twoje | utuczyły zioła,
Ciężary chwostu jego | nosić muszą koła.
      (St. Trembecki, *Sofiówka*)

   The pursuit of perfectly accurate rhymes gave rise to the dilemma of rhyming "for the ear" and "for the eye." Sometimes words that sound exactly alike were spelled in a different way. In order to avoid this, some poets arbitrarily changed words' spelling. However, the technique of rhyming for the eye, which had stirred some commotion in France, had no significant popularity in Poland, and the concept of rhyming for the ear prevailed.

   Feliński was convinced that the domination of the feminine rhyme could not be challenged. Nevertheless he soon found out that his judgment was faulty. The main reason for the ensuing campaign in literature was the pressure exerted by musicians. The story was told by Józef Fr. Królikowski in *Prozodia polska.*[6] Some actors began to sing songs with oxytonic rhymes, partly for amusement, partly following the advice of the composer Karol Kurpiński, director

---

[5] Cf. *Słownik rymów Stanisława Trembeckiego.* Praca zespołowa pod redakcją Haliny Turskiej (Toruń, 1961). The introduction indicates that in fact Trembecki was less strict than his contemporaries thought.

[6] Poznań, 1821, pp. x–xix.

of the National Orchestra, who argued that operatic scores often required verses with masculine rhymes. Transaccentuation practiced in the past now met with definite disapproval; to avoid it, singers needed oxytonic rhymes. The first attempts were clumsy, but progress soon followed. About 1811, Kudlicz, actor of the National Theatre in Warsaw, after examining the Italian and German scores of Mozart's *Don Giovanni*, wrote a few stanzas adapted precisely to the rhythm of the music, but he never finished this work. The first successful adaptation of the operatic libretto was the translation of *Virtuosi ambulanti* by Jan Kruszyński. At first the masculine rhymes seemed harsh and unpleasant, but the initial resistance soon subsided and the leading poets took on the oxytonic rhyme as an ingredient of their technique.

Another innovation was less successful. In his essay *O prozodii i harmonii języka polskiego* (1783), Tadeusz Nowaczyński argued that the similarity of the last unstressed syllable was sufficient for satisfactory rhyming (e.g., ojców—obrzędów, oświeca—bóstwa). He picked up this idea from French poetry where practically all words are oxytonic. As a general rule, it was naturally unacceptable in a language where the regular stress was on the penultimate syllable. Nevertheless the idea met with the approval of Stanislaw Staszic, who applied it in his translation of the *Iliad* and in the didactic poem, *Ród ludzki*. The experiment was soon forgotten; recently a prominent historian of literature paid it a qualified tribute.[7]

5. The golden age of rhyme

The theoretical debate on rhyming was almost over before Mickiewicz' poetic debut in 1822. His earlier poems indicated that he was well aware of its conclusions. As a young man he enjoyed making fun of them by introducing grotesque and amusing rhyming effects:

[7] Wacław Borowy, *O poezji polskiej w wieku XVIII* (Kraków, 1948), p. 348.

Czy ty? Ly, ly, ty, ty, ty, ty, ty, ty, ty, i ty? . . . nie!
Któż u diabła te dziką wytrzebił pustynię?
Kto tu kopał? Kto cyfrą, kto trudził się chatą?
Ja to zrobiłem, ja to, ja to, ja to, ja to!
    (A. Mickiewicz, "Jamby powszechne")

On the other hand, among his *Ballady i romanse* he included the poem "Pierwiosnek," which was a masterful
display of traditional rhyming. Yet the poet added to this
exhibition of skill a touch of irony by humbly emphasizing
his lack of experience and comparing his debut with the
premature emergence of the early spring flower. He did
approve of the masculine rhyme, yet its use in the ballad
"Lilie" indicated not the discussions among the literati but a
direct echo of folk songs:

Idź na gościniec i w las,
Czy kto nie jedzie do nas?
    (A. Mickiewicz, "Lilie")

Mickiewicz was never really worried about rhyming
technicalities, but in his poetic diction he assigned some
important functions to rhymes. He demonstrated their tremendous effectiveness in emphasizing the culminating
point. Konrad, struggling for the welfare of his country, cut
off the blasphemous definition of God as Tzar of the universe without uttering the expected rhyme—and the missing
word exploded from the impatient Devil:

Konrad.   Odezwij się: bo strzelę przeciw Twej naturze!
           Jeśli jej w gruzy nie zburzę,
           To wstrząsnę całym państw Twoich obsza*rem:*
           Bo wystrzelę głos w całe obręby stworzenia,
           Ten głos, który z pokoleń pójdzie w pokolenia:
           Krzyknę, żeś Ty nie ojcem świata, ale . . .
Głos diabła.   *Carem!*
           (A. Mickiewicz, *Dziady, III, 2*)

At first the poet disliked internal rhymes and even called them undesirable. Later he changed his mind and used them for various purposes. He introduced them in his own ingenious stanza of "Trzech Budrysów" and "Czaty." He also applied them to convey humor:

> Idzie Żyd: "Powiedz no, Żydzie,
> Czy golona, czy strzyżona?"
> Od Żyda aż do plebana,
> Od plebana aż do pana
> Sprawa zapieczętowana . . .
> (A. Mickiewicz, "Golono, strzyżono")

Internal rhymes sharpened satirical sallies and emphasized the poet's impatience or anger. They appear time and again in "The Digression" of the third part of *Dziady:*

> Jakie zaś dalej były tam obroty,
> Jak po francusku, po rusku łajano,
> Jak w areszt brano, po karkach trzepano,
> I jak carowi w końcu winszowano—
> Czuję tę wielkość, bogactwo przedmiotu!
> (A. Mickiewicz, "Przegląd wojska")

In the fourth scene of this drama the same technique expressed unearthly angelic tenderness and the ethereal beauty of radiant vision:

> Chór aniołów. Braciszka miłego sen rozweselmy,
> Sennemu pod głowę skrzydło podścielmy,
> Oczami, gwiazdami latajmy wiankiem
> Nad czystym, nad cichym naszym kochankiem..
> Kwitnącym, pachnącym, żyjącym wiankiem
> Kochanka naszego piersi okrążmy . . .
> (A. Mickiewicz, *Dziady*)

The most impressive feature of Mickiewicz' rhyming was the way he combined it unobtrusively and discreetly with other elements of poetic rhythm. The poet manipulated it in such a free-flowing way that it seemed a spontaneous creative act. Such command was, however, a result of hard work, as could be deduced from several draft copies of *Crimean Sonnets*.

Słowacki, who was greatly influenced by the poetic craft of Mickiewicz, gave rhyming an even greater significance. In his narrative poems he experimented with the order of rhymes, arranging them in various combinations. In his tragedies he mixed rhymed and unrhymed verse. He showed the efficiency of blank verse not only in the narrative passages (e.g., in the battlefield report of *Balladyna*) but also in lyrical fragments conveying tender and delicate sentiments. Such was the monologue of the goddess Goplana revealing the depth of her love:

> Więc rozesłałam Sylfy, niechaj pracują
> Na moje szczęście. Teraz nie idzie o to,
> Aby wojskami kwiatów zdobywać niwy:
> Ni kwiatów strzec mi teraz, ni tęcze winąć,
> Ani słowiki uczyć piosenek, ani
> Budzić jaskółki wodne . . . kocham! . . . ginę! . . .
> A jeśli on mię kochać nie będzie? cała
> W mgłę się rozpłynę białą, i spadnę łzami
> Na jaki wodny kwiat i z nim uwiędnę.

The poet's fondness for blank verse, apparent also in *Lilla Weneda*, might have resulted from his reluctance to use easy, fluent rhyming offering no technical resistance. Słowacki found some encouragement for rhyming virtuosity in Byron's *Don Juan*. He chose *ottava rima* for his narrative poem *Beniowski*, and the rhyming in the five cantos of this work dazzled readers. The poet excelled in exotic and unusual rhymes. Even more impressive was Słowacki's ease in juggling the difficult stanza and its triple rhymes. He intimated that the rhyme leaned lovingly toward him and that the *ottava rima* caressed him. His mastery was such that no successor was able to equal it.

The treatment of rhyming by Cyprian K. Norwid was different. He did not care much about detached spectacular fireworks but stressed the organic union of rhymes with the whole poetic texture. He opposed overemphasis of the concluding words in a line. He illustrated this idea by a brilliant metaphorical image:

> Gdzie *ton i miara* równe są przedmiotowi,
> Gdzie przedmiot się harmonią dostraja,
> Tam jest i pieśń i rym—jak kto je powie—
> Tam *z-siedmia* się brzmienie i tam się *z-traja,*
> I spadkuje się samo ku końcowi . . .
>
> Umiej słowom wrócić ich *wygłos-pierwszy*—
> To jest całą tajemnicą:
> Rym? . . . we wnętrzu leży, nie w końcach wierszy,
> Jak i gwiazdy nie są tam, gdzie świecą!
> (C. K. Norwid, "Kolebka pieśni [Do spółczesnych ludowych pieśniarzy]")

Nevertheless Norwid did value daring, unusual rhymes if they emanated logically and emotionally from the content and the texture of the poem. He demonstrated this technique in a convincing manner in the poem "Fortepian Szopena." It was dedicated to Chopin's musical genius, and told the story of his instrument, which was allegedly thrown out by Russian soldiers from a Warsaw house and crashed on the pavement. It would be expected that the word "fortepian" (grand piano) would appear somewhere in a rhyming position,—but apparently not another word with the same ending was available. However, the poet dug out an abbreviated archaic form of a participle and placed it in the most dramatic passage of the poem:

> Patrz! . . . z zaułków w zaułki
> Kaukaskie się konie rwą

Jak przed burzą jaskółki
Wyśmigając przed pułki
Po sto—po sto—
—Gmach zajął się ogniem, przygasł znów,
Zapłonął znów—i oto—pod ścianę
Widzę czoła ożałobionych wdów
Kolbami pchane—
I znów widzę, acz dymen oślepian,
Jak przed ganku kolumny
Sprzęt podobny do trumny
Wydźwigają . . . runął . . . runął . . . Twój *fortepian!*
     (C. K. Norwid, "Fortepian Szopena")

Norwid was undoubtedly conscious of the artistic value of rhyming. He did not hesitate to introduce unorthodox and unusual rhymes. In one of his poems a peculiar and sophisticated broken rhyme appeared:

O tak, wszystko, co jest za—nad—
to—ignis sanat,
Ferrum sanat.
O tak—i na krwi obłoku
W czerwonym gołąb obłoku
Lśni jak granat.
     (C. Norwid, *Dzieła zebrane*, I, p. 388)

On another occasion the poet inserted a homonymic rhyme consisting of words phonetically identical but with a different meaning:

Żaden lud nigdy, nigdzie—i nie miał i nie ma
Takiej pieśni jak Psalmy! Każda przy niej niema . . .
     (C. K. Norwid, *Rzecz o wolności słowa*)

In the period of realism and symbolism there was no relaxation of the firmly established rhyming standards. To the former refinements was added the concordance of the consonant preceding the stressed vowel, e.g., "dzieli—

kądzieli, "szła—mgła." In French poetry this concordance of "la consonne d'appui" was obligatory. In Russian it was also a condition of the real rhyme, but the requirement was applied rigorously only to masculine rhymes, and departures from it could be found in the works of leading poets. In English and German such "deep rhymes" (called sometimes "identical") have been condemned.

At the end of the nineteenth century Polish poets considered deep, "enriched" rhymes to be elegant and desirable. In the period between the World Wars Leonard Podhorski-Okołów meticulously counted the number of deep rhymes in the works of contemporary poets and calculated their percentage. The most skillful master of such rhyming was Jan Lemański, in whose humorous verses deep rhymes enhanced the effect. The introduction to his Christmas show (1911) may serve as an example:

> Kochane me dzia*teczki!*
> Kto nie jest malu*teczki,*
>   Kto wyszedł z pieluch *pęt,*
>   Kto ma do życia *pęd,*
> Kto rzucił powi*jaki,*
> Kto nie jest już ni*jaki*
>   Kto już nie słucha *niań,*
>   Które krzyczały *nań,*
> Kto nie ssie mam już m*leczka,*
> Kto nie jest jak la*leczka;*
>   Kto się nie pieści *zbyt,*
>   Kto śmiało patrzy w *byt;*
> Dla tego, ku o*cenie,*
> Na tej jasełek *scenie*
>   Zebrałem lalek *rząd*
>   Ze wszystkich życia *grząd,*
> By poznał, jak na *stany*
> Świat różne pochlas*tany;*
>   By życia cały k*ram*
>   Z jasełek poznał *ram.*
>   (J. Lemański, *Jasełka*)

In the end the pursuit of such elaborate rhyming petered out. More lasting was that of extraordinary and rare rhymes. Although other fascinating displays of rhyming skill have been made known since the publication of this poem, it still sounds impressive:

> (. . .) Pierś mi strawił zatruty mego wieku rozczyn—
> Duch zmęczony, że sam by pragnął siebie przerość,
> Tęskni dziś za spokojem zapomnianych wiosczyn,
> Gdzie, pod lip starych cieniem, kwitnie złota szczerość.
> Znużyły mnie zawroty tej abrakadabry—
> Prostoty chcę, zieleni śród lasów i opól,
> Nęcą mnie kraśne maki i niebieskie chabry,
> Szmery wód, ciche szumy rokicin i topól.
> I chciałbym ksiąg zapomnieć, których czar mnie urzekł,
> I stanąć odrodzony śród zielonych muraw,
> I usiąść nad strumieniem w kole dobrych wróżek,
> Lub ulecieć nad pole jak swobodny żuraw.
>   (A. Lange, "Rym")

Once more daydreaming of rustic simplicity added piquancy to sophisticated rhyming.

Some poets turned to folk songs and ballads, in which assonances were a common occurrence. Kazimierz Przerwa-Tetmajer, whose rhyming was normally as elaborate as that of other prominent poets of his generation, departed from this in his poem, "Jak Janosik tańczył z cesarzową," written in the mood and style of the Polish highlanders. In a fragment he imitated typical rhyming harmonies of folk songs:

> Werbujom, werbujom i na siłe bi*erom,*
> Nasi harni chłopcy ka sie popodzi*ejom!*
>
> Chowałaś mie, matko, jak pszenicne zi*arno,*
> Teraześ mie dała cysarecce d*armo!* . . .
>
> Kiek na wojne jechał, ociec na mnie wo*łał:*
> "Wróć sie, synu, wróć sie, bo ja cie odch*ował!"*

Płakała dziewcyna trzy godziny d*o dnia,*
Ze jej kochanecka zabrali do *ognia!* . . .
    (K. Przerwa-Tetmajer, "Jak Janosik tańczył z
    cesarzową")

There was some muted reaction among the literati against the exclusive supremacy of rhyming. Strangely enough, Antoni Lange, who dazzled the public with rhyming brilliance, experimented also with unpretentious assonantal harmonies:

W sercu moim się toczy planeta umarła,
Co miała niegdyś wielkie zielone przestwor*y,*
Gdzie kwitła biała Grecja i Roma żelazna,
Gdzie huczały wulkany i brzęczały pszcz*oły,*
Złociły się uśmiechy i promienie z*orzy.*

I wszystko to zamarło, i wszystko zastygło,
I stało się grobowcem, co ma w sobie tr*upa;*
A choć to, co umiera, wyrocznią mogilną
Na śmierć jest przeznaczone, przecież owa gł*ucha*
Planeta skamieniała do łez mię por*usza.*
    (A. Lange, "Rozmyślania")

6. Modern trends

The poetry published after the First World War seemed to adhere to orthodox rhyming. At least this could be said of the poets who had their poems published in *Skamander.* The assonances in *Oktostychy* by Jarosław Iwaszkiewicz were an isolated instance. Exquisite mastery of rhyming was one of the striking characteristics of young poets like Słonimski, who were eager to display their skill by seeking difficult stanzas and inserting occasional brilliant rhymes. Tuwim excelled in the use of internal rhymes:

A jeżeli ja ci nagle syknę, świsnę i dam nura,
Trzasnę plackiem o posadzkę i płomieniem buchnę wzwyż?

Zgiełk powstanie, zamieszanie, swąd siarkowy, awantura,
Pod podłogą szastnę nogą—i już ze mnie szara mysz!

Przez piwnicę na ulicę jak piłeczka się potoczę.
Wtem podskoczę, w iskrach prysnę i zakręcę się jak bąk!
Nad snem twoim zakołuję, zacałuję, załaskoczę
I opadnę kłębkiem czarnym do stulonych twoich rąk.
    (Tuwim, "Poeta opętany uprzedza na wszelki wypadek
    Bogu ducha winną żonę")

The Futurists tried to shock the public with "new rhymes," but their noisy manifestos were not taken too seriously. In spite of this "new rhymes" gained ground, and many leading poets of the generation used them. Kazimierz Nitsch, who scrutinized the poems of the authors associated with the periodical *Skamander*, calculated that in the poetic works of Tuwim, Słonimski, and Wierzyński he found respectively 27 per cent, 12 per cent, and 5 per cent of "inaccurate" rhymes.

There was some opposition to this startling tendency toward "inaccuracy"—and it was headed by Nitsch. The renowned linguist warned against the reckless adoption of new rhyming manners which in his opinion militated against the respectable literary heritage and the very spirit of the Polish language. Some other critics were worried about imminent rhyming anarchy. Yet the resistance was half-hearted.

Among distinguished poets a partisan of accurate rhyming was Jan Lechoń, who sought support in the authority of such celebrities as the French poets Mallarmé and Paul Valéry. "I adore the rhyme," he courageously admitted, "as I adore the classic dance. My own prescription, which, by the way, I do not recommend to anyone, is not 'less rhymes' but 'more rhymes,' not only at the end of the lines but also inside." And he had in mind the accurate rhyming of the most conservative quality. Yet his gallant opposition was pushed aside.

Traditional rhyming was not completely eclipsed. Bruno

Jasieński, one of the protagonists of Futurism, resolutely advocated assonances, but he was also a virtuoso of the sophisticated accurate rhyme. In Russia, where a similar rhyming fluctuation occurred, Mayakovski followed a specific method; as he stated on one occasion, he would insert at the end of a line a word which apparently had no rhyming counterpart, and afterwards do his best to extricate himself from the embarrassment. Jasieński seemed to adopt and practice similar methods; he enjoyed combining complex two-word rhymes and neologisms:

> Oj, nie mówił do mnie, drogo, twój smęt nic,
> anim pytał się, czy ciężar mój uznasz,
> białym krzyżem umęczonych cierpiętnic
> położyłaś ty się, drogo, pod wóz nasz. . . .
> Już nam krzykiem nie wyśpiewać cię ustnym,
> lepiej w ciszy twoim bólem frymarczmy.
> Półpijanym, ślepym dziadem odpustnym
> wolno wleczesz się od karczmy do karczmy.
> Słońce, lśniące się to ryńskim, to szóstką,
> toczy wiater, pędziwiater, gonikąt—
> okłamałaś ty mię, drogo, oszustko!
> Nie prowadzisz ty, zwodnico, do nikąd!
>   (B. Jasieński, "Słowo o Jakubie Szeli")

Other rhymes of Jasieński included such fascinating word combinations as: drednoucie—połcie; puchną—z druchną; nie wieś—przewieś; chorość—porość; w bielmach —stelmach; parch wie—w marchwi; karaś—nie naraź; szła het—sztachet; na Węgrzech—ten grzech.

His assonances were also original and ingenious: trąbce—w głąb chce; powódź—schować; kobiet—obiad; ścierpłem—sierpem; Hucuł—rzucał; darni—żandarmi; mitraliez—bal jest; kotlet—pobladł.

Notwithstanding the poetic community's complacent approval of assonances, their esthetic criteria remained uncertain and selection arbitrary. In spite of this, certain poets did earn recognition as masters of such "revised" rhyming. Among them Władysław Broniewski attained distinction. In his early poetry 65 per cent of his rhymes were termed inaccurate; among them 28 per cent were incomplete rhymes and 55 per cent were assonances with a different last vowel.

Why did "new rhymes" have such an easy victory? Julian Krzyżanowski implied that after the First World War they came from Russia, where they appeared in a natural way because of the weak articulation of final syllables, especially when placed far from the accent.[8] However, the foreshadowing of the imminent change of rhyming habits could be traced back much farther in original Polish poetry, and it had the characteristics of authentic, spontaneous folk songs and ballads.[9]

Some specific developments in Polish literature accelerated the development. New rhymes became scarce. They involved the introduction of unusual words in peculiar positions, so that their presence often made poetic diction artificial. Poets found themselves in a quandary. If rhymes were really ingenious, they became unnatural; if poets sought more naturalness, their rhyming could become repetitive and banal. This dilemma required so much concentration on rhyming effects that other components of poetic texture suffered. A number of words of specific emotional value, as "ojczyzna," "Polska," "wiosna," "jesień," "serce," and "słońce," appeared so often in rhyming positions that they became trite, and conscientious poets began to avoid them at the end of lines. This restriction in turn could distort the content.

In some respects new modified rhyming resembled medieval verse. Yet it followed a different principle of phonetic harmony. Pre-Renaissance versifiers were concerned

---

[8] *Nauka o literaturze,* p. 174.

[9] Kazimierz Nitsch did not approve of all kinds of assonances, but even he found linguistic justification for "incomplete" rhymes (gościu—kościół).

about the last vowels and consonants of the rhyme. In modern Polish verse the basic element of harmony is the stressed vowel, placed mostly in the penultimate syllable. Other variants are also tolerated but on a much more limited scale. The general tendency to distribute the emphasis more evenly over all elements of verse deprived traditional rhyming of its former significance.[10]

As long as severe conventions made rhyming extremely difficult, people considered it a necessary ingredient of poetry. When the restrictions were lifted, the fascination of elaborate rhyming faded and blank verse became more stylish. This was, however, rather a general trend than an established routine. The Cracovian avant-garde, which advocated many fundamental changes in poetic diction and exerted much influence on Polish poetry, did not exclude rhyming and gave it a structural role in maintaining cohesion among the lines of the poem. For this reason distant rhymes were to be preferred. The following is an example of the technique adopted by Julian Przyboś:

Zanim przejrzę się w rozstajnym krajobrazie, kędy
linie wywróżonych dłoni przechyliły pagórek . . .

Droga, powtarzana kopytami, okracza wzniesienie,
widać ją, jak jedzie w uprzęży z kasztanów, przez które
przewleka dwa łby końskie, wzdłużone od pędu.

Wieczór, woźnica cienia, wzgórzami jak końmi
powozi, zatrzymując widok przed miastem zamkniętym,
po czym słońce, zwieszone nisko, u strumienia poi.

Z odjazdu wypływa na niewidzialnej łodzi
Muza tych miejsc, uwożąca ostatnie spojrzenie

[10]Quite a different statement concerning English poetry was made by Karl Shapiro, who noticed that, unlike correct traditional rhyming, slant rhyme ordinarily was extremely conspicuous at the end of the line where readers would expect full rhyme (*A Prosody Handbook*, p. 95). On the other hand, Krzyżanowski considered Polish assonances hardly palpable so that they did not help to distinguish poetry from prose (*op. cit.*, p. 174).

z pagórka, który, ukwiecony dwiema dłońmi,
nie przepłynął widnokręgu wpław.

Gdzie tai się *staw*, głęboko uwikłany w trzcinie
śniącej, jak swoje odbicie do jawy natężyć,
i las, wyszumiały z zadumy, drzewami podchodzi
do wody, powianej światłem. Staw
wynurza błękitowi księżyc.

Dalej, nad wzgórzem nieruchomym, stoi
powietrze: lustro zdmuchnięte.
(J. Przyboś, "Krajobraz")

In this poem consisting of 19 lines the rhymes have
been arranged in a very complicated pattern: ab cba def
gcdH kigHi fe. (Masculine rhyme is marked by capital let-
ters.) The ending of line seven rhymes with the last word
of the poem (zamkniętym—zdmuchnięte), and the eighth
line with the eighteenth line (poi—stoi), etc. Whether they
are noticeable to an untrained reader remains an open
question. There are also a few internal rhymes. As the main
purpose of such rhyming is structural, the autonomous
quality of rhyme is of secondary importance; there is, therefore, no necessity to avoid grammatical rhymes, so severely
castigated in the past.

Because assonances were accepted, Przyboś could put
in rhyming positions words banned by his predecessors
owing to lack of accurate rhymes. In the rhyming of various languages, "moon" had common rhymes, but both
Polish synonyms, "księżyc" and "miesiąc," were practically
excluded from the rhyming repertory, as almost no other
words with identical endings were available. Słowacki had
to mobilize all his ingenuity and courage to compose a
couplet:

I trzeba dobrze nam to myślą przesiąc,
Że dla niezgody słońc—królem jest miesiąc.
(J. Słowacki, *Beniowski*)

The modern poet had no such dilemma, as he could select the rhyming companions from words of similar sound without seeking acoustic identity. Przyboś did produce a clever assonance: "natężyć—księżyc."

Although modern free rhyming lacks the thrill of the masterful juggling with words practiced by the old masters, it remains an important device reflecting the poet's skill and taste. Various alternatives are open to him. He may indulge in consonantal harmonies unknown to his predecessors; he may exploit the interplay of concords and discords; he may select more conservative or more adventuresome combinations creating the desirable emotional coloring or restoring the atmosphere of different literary epochs. Orthodox rhyming, which has become a more formal and stylized form of expression, is not prohibited.

In his volume *Kasydy i gazele* (London, 1961), Józef Łobodowski embodied an original rhyming experiment. His objective was to recreate the specific charm of oriental poetry as it had been expressed especially by Spanish poets. As compared with other poems of the period after World War II, the author's rhyming may appear conservative. He gives preference to accurate rhyming and rich assonances. Łobodowski combines with much dexterity the congenial consonants l, m, n, and r ("perły—wierny;" "Sulajmy—tajny"; "bioder—miodem"; "na nią—ramion"; "zachodem—wodne"). His other assonances are equally careful and ingenious. The cumulative effect of such rhyming helps to convey ornate, elaborate elegance:

Nie miejcie mi za złe, że tak *często*
ni radości, ni smutku opanować nie UMIEM.
Drzewo raz się poddaje *szelestom,*
kiedy indziej jest wichrem i SZUMEM.

Pieśń bywa wes*oła,*
wtedy śmieje się i **tańczy**—
a również bywa poważna i SMUTNA.

I tutaj na świadectwo przywołam
to, co mawiał kordobańczyk
Ibrahim Ben UTMAN.

"Powaga z wesołością się *styka*,
Śpiew weseli, lub zmusza, byś pŁAKAŁ.
Z tegoż drzewa jest łuk wojown*ika*,
co i wdzięczna lutnia śpiewAKA."
    (J. Łobodowski, "Gazela o zmienności")

The longest poem of this collection, "Kasyda dytyram-
biczna," contains 275 lines, and its rhyming falls into four
categories:

regular feminine rhymes (with tolerated inaccuracies)	102 lines, 37.0 per cent
two-word rhymes (feminine)	103 lines, 37.4 per cent
masculine rhymes	6 lines, 2.2 per cent
assonances	42 lines, 15.4 per cent
unrhymed	22 lines, 8.0 per cent

The blank verse in the poem consists mostly of fragments of rhymed lines which for some reason have been
separated. Łobodowski's rhyming sounds distinct and expressive; this resulted not only from his rhyming technique but
from the use of couplets combined in pairs with alternating
rhymes.

7. Rhyme and satire

Exaggerated rhyming often accompanies satirical and
humorous poetry. Its technique has something in common
with witticisms. Laughter occurs when an anticipated serious
ending is suddenly turned around. The first link of a rhyme
also creates a kind of anticipation. The more unusual and
unexpected the second link, the more effective is the wit.

This association was noticed by many poets and skillfully exploited. Among older masters Adam Asnyk demonstrated it in an amusing poem, "Napad na Parnas." Tadeusz Boy-Żeleński made such excellent use of this device that some of his sayings became proverbial:

> Jak zobaczył ją na fiksie,
> Zaraz w niej zakochał w mig się.
>
> Miała w uszach wielki topaz
> I była wycięta po pas. (. . .)
>
> Bo najgorszy w tym ambaras,
> Żeby dwoje chciało na raz.
> > (T. Boy-Żeleński, "Stefania")

Broken rhymes are certainly effective in the production of comic effects. This had been demonstrated in English poetry by Butler in *Hudibras*, Byron in *Don Juan*, and many others. Boy-Żeleński liked to amuse his readers by placing in the rhyming positions such unsuitable parts of speech as prepositions:

> Wówczas skrzydłami zatrzepocę, i nad
> Ziemskie padoły zapieję z radością,
> Że już się skończył śmieszny konkubinat
> Prochu z wiecznością . . .
> > (T. Boy-Żeleński, "Dusza poety")

Similar is the effect of grotesque transaccentuation and the distorted pronunciation of indigenous or foreign words for the sake of rhyming. The mere insertion of foreign words may also sound funny. Marian Hemar uses such rhymes with great skill:

> Polonus est omnis divisus
> In viros duos:
> Jak kto jest u nas lizus,

To już wirtuoz.
(M. Hemar, "Lizus czy warchoł")

"Dość—mówię—próżno biadolisz.
Drukuj. W numerze dzisiejszym."
Więc biegnie redaktor do Polish
Ministry of Information.
(M. Hemar, "Mnie wszystko uchodzi")

Splitting words to produce a rhyme is usually just an amusing trick, yet Mickiewicz inserted one such rhyme in his epic *Pan Tadeusz* to obtain a comic effect in a description. It referred to a fictitious lady who allegedly invented a way of safeguarding poultry from hawks:

Zwała się Kokosznicka, z domu Jendykowi-
czówna. Jej wynalazek epokę stanowi
W domowym gospodarstwie...

Boy-Żeleński created the same effect in one of his humorous poems "Gdy się człowiek robi starszy"; he also inserted a broken word in the satirical "Pieśń o ziemi naszej":

Wspólna korzyść z takich hister-
ycznych zachceń wypaść może:
"Czystą sztukę" ma filister,
A kabotyn—stół i łoże ...

The effectiveness of such rhyming comes not only from its contrast with normal spelling or grammatical habits but also from the interplay of the emotional coloring, e.g., when a high-toned word meets its trivial or vulgar counterpart.

The change in rhyming rules did not exclude such humorous devices. Present-day versified epigrams still abound in similar tricks. Konstanty Ildefons Gałczyński achieved excellence in all possible kinds of rhyming acrobatics. In his humorous poem *Koniec świata* he demonstrated the funny effect of surprising tran⸱accentuation:

> Widziano, jak nawet rektor
> ze strachu zapuszczał zasłony
> i płakał jak narodzony,
> a przecież był nie *bylekto*. (. . .)
> Kiedy się działy *dziwy te*
> szalone i nierozumne,
> niesłychane, niesamowite,
> cieśla Giovanni Lucco
> bawił się swoją ciesiółką
> 　　(K. I. Gałczyński, *Koniec świata*)

Gałczyński was in his proper element in eccentric vision of the end of the world. In the climax he introduced a brilliant display of rhyme-juggling:

> Kosmiczna zaczęła się chryja
> z całą straszliwą atmo—
> sferą. Vide święty Jan,
> Apokalipsa—Pathmos.
> Słońca zagasły i gi-
> nęły, tonęły w oddali.
> Gwiazdy spadały jak figi,
> a Żydzi je sprzedawali.
> W powyższej anarchii księżyc
> naśladował planety inne,
> znudziło mu także się żyć
> i wskoczył do beczki z winem.
> 　　(K. I. Gałczyński, *Koniec świata*)

The same poet wrote a bagatelle in which he accumulated a long series of rhymes consisting of mere interjections and other monosyllables, sometimes even lacking a vowel:

Styczeń	(brr)
Luty	(frr)
Marzec	(nono!)
Kwiecień	(oho)
Maj	(ach!)
Czerwiec	(trach!)
Lipiec	(uff!)
Sierpień	(znów!)
Wrzesień	(ba!)
Październik	(mgła!)
Listopad	(frr!)
Grudzień	(brr!)

(K. I. Gałczyński, "Okulary szydercy")

7

~~~~~~~~~~~~~~~~~~~~~~

Stanzas

1. Origin and growth

Lines of poetry may be organized without a break or divided into uniform groups called stanzas. Another arrangement is the dissection of the poetic text into irregular groupings of different length. This last organization seems to prevail in modern poetry.

In the history of Polish versification stranzas have played an important part. The collective volume *Strofika,* edited by Maria R. Mayenowa,[1] listed almost one thousand varieties, although it did not include stanzas that could appear as self-contained poems like the sonnet, the rondeau, and the triolet.

Three external influences contributed to the formation of Polish stanzas. First, a few forms were derived from ancient literatures as, for example, the Sapphic quatrain. Secondly, the influence of medieval Latin poetry was apparent. Last but not least, the abundant Romance literature of the Middle Ages had its impact. Besides this, there were other minor stimuli, such as oriental poetry, which penetrated Poland by various channels. Close correlation between poetry and music was of paramount importance; it contributed to the adoption of the refrain, which was a commonly used stanza-making device.

[1] *Strofika.* Praca zbiorowa pod redakcją Marii Renaty Mayenowej (*Poetyka, zarys encyklopedyczny.* Dział III. *Wersyfikacja,* Tom VI. *Strofika*) (Wrocław, 1964), 422 p.

The history of Polish literature covers wide fluctuations in poets' interest in the stanza. In this respect Kochanowski was quite productive. His work contained 46 different types of stanza ranging from 2 to 14 lines. Baroque poetry, especially in its earlier period, added a considerable number of new forms. In the eighteenth century this fertility waned, as the Classicists were more concerned about other facets of poetics. The Romanticists revived interest in the stanza. Oxytonic rhyming and the development of the syllabic-accentual system provided other elements for stanza making. At the end of the last century elaborate and sophisticated types were valued. Translators of poetry transferred some varieties from other languages.

Among numerous stanza forms introduced in Polish poetry only a limited number gained widespread popularity and had any significant influence on its development. To this select group belong many modifications of the quatrain, the sextet, the octave, and the sonnet, with the addition of the couplet, the tercet and the cinquain. Other forms, although less popular, were not deprived of significance. The adaptability of Polish to the rigid requirements of the most elaborate stanzas was unquestionable.

In the definition of the stanza, the following elements are to be considered:

a. Number of lines
b. Their metric structure
c. Rhyming arrangement
d. Repetitive components (refrain)
e. Syntactic pattern
f. Intonation

2. The quatrain

Four-line stanzas were the most popular. The first quatrains appeared in Poland with the earliest specimens of syllabic verse. The song "Pieśń o męce Pańskiej" (quoted in Chapter II) consisted of the 4-line 13-syllable stanzas with the feminine rhymes arranged in the pattern aabb. This form was quite widespread in European poetry of the Middle Ages. At that time lines followed the syntactic structure of the text. Fifteenth-century quatrains could consist of shorter lines, including the 8-syllable verse. As the texts were written for singing, the stanzas corresponding to the tune of the song had to be shaped as separate units. In the early sixteenth century Biernat z Lublina occasionally violated this rule. Such instances, however, were infrequent. Usually even every pair of lines within the quatrain was syntactically self-sufficient, and grammatical rhymes underlined its parallel structural pattern.

In his poetry Jan Kochanowski definitely favored the quatrain. His stanzas in which all lines had the same number of syllables consisted of verses containing from 6 to 13 syllables. The poet introduced also 13 categories of stanzas with lines of varied length. He produced some examples of the Sapphic stanza. The most common form included three 11-syllable lines and one of 5 syllables; but other combinations were also tested. Parallel couplets were predominant, but on one occasion Kochanowski introduced alternate rhyming. One of the *Laments,* accusing Cicero of contradictions between his philosophy and his life, was a good illustration of the adaptation of stanzas to the intended message:

Śmierć, mówisz, straszna tylko niezbożnemu.
Przeczże się tobie umrzeć cnotliwemu
Nie chciało, kiedyś prze dotkliwą mowę
    Miał podać głowę?
Wywiodłeś wszytkim, nie wywiodłeś sobie;
Łacniej rzec, widzę, niż czynić; i tobie,
Pióro anielskie, duszę toż w przygodzie,
    Co i mnie bodzie.
    (J. Kochanowski, Tren XVI)

In this particular instance of the Sapphic stanza the poet cut off the clauses at the end of the couplets and resumed them in the following lines. In the quatrains written by the same poet in a calmer reflective mood he preferred to underscore the parallelism of the two halves of his stanzas. This was the form of his "Hymn to God." Wacław Borowy, an excellent connoisseur of Kochanowski's poetry, even printed this hymn as a series of couplets.[2] Such treatment was not infrequent in stanzas consisting of shorter lines:

> Twoja kosa rozczosana
> Jako brzoza przyodziana,
> Twarz jako kwiatki mieszane
> Lilijowe i różane.
>
> Nos jako sznur upleciony,
> Czoło jak marmur gładzony,
> Brwi wyniosłe i czarniawe,
> A oczy dwa węgla prawe.
>
> Usta twoje koralowe,
> A zęby szczere perłowe,
> Szyja pełna, okazała,
> Piersi jawne, ręka biała.
>   (J. Kochanowski, *Pieśń świętojańska o sobótce*, II)

Kochanowski's successors showed no such respect for the symmetric arrangement of the quatrain with parallel rhymes. In the Baroque period quatrains seemed to be less popular, but they came back into vogue among the Classicists. They were also frequent in modern poetry, and poets tested various sizes of lines. Variants with masculine rhyme were uncommon:

> Biedaż moja z tą ciotką:
> Przezwała mnie terkotką,
> Jeszcze mi zawiąże świat,
> A mam już piętnaście lat.
>   (K. Ujejski, "Terkotka")

[2] *Od Kochanowskiego do Staffa. Antologia liryki polskiej* (London, 1954), pp. 4–5.

Quatrains with alternate rhymes appeared later—they were introduced by Kochanowski—but gradually they overshadowed the quatrain with parallel couplets. The poets of the Enlightenment were fond of the imparisyllabic combination 10a 8b 10a 8b called "strofa stanisławowska" (King Stanislas' stanza) after the name of the reigning monarch. It remained popular for a long time; Mickiewicz used it in some of his ballads:

"Słuchaj, dzieweczko!"—krzyknie śród zgiełku
Starzec i na lud zawoła:
"Ufajcie memu oku i szkiełku,
Nic tu nie widzę dokoła.

Duchy karczemnej tworem gawiedzi,
W głupstwa wywarzone kuźni;
Dziewczyna duby smalone bredzi,
A gmin rozumowi bluźni."
(A. Mickiewicz, "Romantyczność")

Length of lines could differ. Various poets combined 13- and 11-syllable lines with shorter ones. Cyprian Norwid, who liked the King Stanislas stanza, produced his own variety with masculine rhymes in the even lines (11a + 7b + 11a + 7b)

Jeśliś zdradzony w życiu *kilka* razy,
Och! jakiż to wielki ból!
Współczuję skargę twą ponad wyrazy:
Łez moich tyś Pan! tyś król!

Lecz skoro w roku zdradzili cię ludzie
Trzysta-sześćdziesiąty raz?
Serca mi nie stać i byłbym w obłudzie,
Nie będąc głuchym jak głaz.

Im mniej kto zdradzan, tym srożej zdradzony!—
Lecz kto nie doznał jak zdrad,
Męczeńskich nie dość mu palm i korony,
Nad które cóż dawa świat? . . .
(C. K. Norwid, "Obojętność")

Mickiewicz's original invention was a stanza (7a 7a) 10b
7c 7c) 10b that he used in the ballads "Trzech Budrysów"
and "Wojewoda."

Sometimes only the even lines of the quatrains were
rhymed (the pattern x a x a), as they were in folk songs. This
technique was widely used after the debut of accentual
verse in Kasprowicz' *Księga ubogich,* and afterwards found
more followers than ever before. The number of syllables in
each line could vary.

> Wypędzili z raju aniołowie
> Ludzi, ptaki i strwożone sarny.
> Zamiast ambrozji słodkiej i złotej
> Krowie mleko nam dali i chleb czarny.
>
> Myślał Bóg, że łamiąc chleba ćwierci
> W gniewie okrutnym załamiemy ręce,
> A oto się chleb wydał słodszym od ambrozji
> I wznieśliśmy ręce w podzięce.
>
> Oto krowy na łąkach zielonych
> Ciepłym mlekiem trysnęły w dzbany
> I w obłokach dzbanów glinianych
> Zobaczyliśmy raj nam zabrany.
> (J. Liebert, "Colas Breugnon")

Some quatrains were enriched with internal rhymes.
Among them was an elaborate stanza 9a 8B 3a 8B with
alternating feminine and masculine rhymes. Enriched by
internal rhymes, it required considerable skill and some
masters of versification considered it a test of their craft:

> Jeszcze pamiętam z kart "Iliady,"
> Gdy dzieckiem, blady, w cieniu drzew,
>   Pallady
> Skrzydeł na czole czułem wiew. (. . .)
>
> Kryła się we mnie długo siła,
> Która wybuchła piekłem mąk.

O miła!
Gdyś mnie owiła wieńcem rąk.
(A. Słonimski, "Słowo")

Still, among the poets of the *Skamander* group the iso
syllabic traditional stanza maintained definite numerica
advantage. Mieczysław Jastrun sought a change and gav
preference to new original forms with masculine rhyme:

Zważyłem duże jabłka dwa
W rękach, i oto
Starłem z nich lato, które trwa
Wonną pozłotą.

Na rękach osiadł szary pył
Złotej renety.
Dla kogom pisał, po com żył
W burzach planety?

Wtedy wyciągnął po nie dłoń
Mój synek mały
I ząbki w miazgę wbił, i w woń,
W owoc dojrzały.
(M. Jastrun, "Jabłka")

Quatrains with enclosing rhymes had only moderat
success. They were more self-sustained. Only occasionall
could the syntactic connection between the stanzas be foun(
Norwid liked to experiment with encircling rhyming, con
bining heterosyllabic lines:

1.

"Jeśli ty mnie szukasz—*Prawda* woła—   1
To z namiętnościami czasowemi   1
Węzeł swój roztargnij, synu ziemi!   1
Bo nie dojrzysz i cieniu mego zgoła . . ."   1

2.

Silna na to zakrzyknie *Popularność*:   1
"Chodź! z namiętnościami czasowemi   1

Złącz się, opieszały synu ziemi.	10
Ja nazywam się *czynność*, Prawda? . . . marność!"	11

3.

Badźcież zdrowe, obiedwie—do widzenia!	11
Mnie wołają sny na mech cmentarny;	10
Ani widzieć chcę tej Prawdy marnej,	10
Ni tej Popularności bez sumienia.	11

(C. K. Norwid, "Addio!")

3. The sextet

The stave of six lines has been surpassed in popularity only by quatrains. As it has more lines, more rhyming combinations are possible. However, only a few of them have been widely recognized. The stanza with three parallel pairs of rhymes was never very popular. It was superseded by other variants, even though Kochanowski used it in his translations of psalms and his original songs:

> Trudna rada w tej mierze: przyjdzie sie rozjechać,
> A przez ten czas wesela i lutnie zaniechać.
> Wszytka moja dobra myśl z tobą precz odchodzi,
> A z tego mię więzienia nikt nie wyswobodzi,
> Dokąd cię zaś nie ujźrzę, pani wszech piękniejsza,
> Co ich kolwiek przyniosła chwila teraźniejsza.
> (J. Kochanowski, *Pieśni*, I, 7)

In the seventeenth century this stanza did not grow in celebrity. Its specimens often consisted of heterosyllabic verse; for instance, Bartłomiej Zimorowic combined 9- and 10-syllable lines (9a 9a 9b 9b 10c 10c):

> Komu, kwiateczki me, kwitniecie?
> Komu zapachy gotujecie?
> Kto waszym zechce być strażnikiem?
> Kto waszym będzie ogrodnikiem?

Ponieważ przyjaciel mój serdeczny
Odchodzi ode mnie w on kraj wieczny.
(B. Zimorowic, "Olechno")

In the eighteenth century some poets cultivated this
kind of stanza; it was found adaptable to different genres
serious as well as humorous. Among the Romanticist
Zaleski valued it, but Mickiewicz used it only twice and
Słowacki once.

Sextets appeared later in poems styled as folk song
(Pol, Wasilewski and others), and in original songs. The con
tent was usually arranged so that it fell in with rhyme
couplets, but the poets also experimented with other scheme
of composition.

The first sextet, composed of a mixture of alternate an
parallel rhymes (a b a b c c), called "sestina" (in Polish
sestyna or sekstyna) was inconspicuous—Kochanowski use
it once in his *Psalter*. Yet its popularity was to surpass tha
of all other sextets. It could consist of lines of differin
length. The sestina with 11-syllable lines, resembling th
similar Italian stanza, gained the most widespread use as i
was adaptable to lyrical verse as well as to epic poetry
Stanzas composed of alexandrines were also known, but thei
success was more limited. Both types appealed to Elżbiet
Drużbacka (1695–1765); the following passage was take
from a longer poem written in alexandrines:

4.

Gdy o twych wdziękach mówię, mocy ich nie czuję;
Wspomnione krzywdy nic mię nie tkną, nie przerażą;
Zbliżenie twe zmieszania mego nie sprawuje,
Wiedząc, że jest obłudne, mam nad sobą strażą.
Nawet z moim rywalem o tobie rozmawiam,
Żeś piękna. Za czym więzów już się nie obawiam.

5.

Czy pełnym wzgardy okiem patrzysz na mnie, czyli
Mową łagodną mówisz ze mną, w równej mierze

Jest to u mnie. Ust twoich wdzięk niechaj się sili,
Władzy nad mymi zmysły w zysku nie odbierze.
Oczy twoje do serca mego trakt zgubiły;
Zapomniałem, że wzrok twój był mi kiedyś miły.
(E. Drużbacka, "Mam ci za co dziękować, Filis, żeś
obłudna")

The obvious tendency of the author is to arrange the content in accordance with the structure of the stanza, which falls into sections of four and two lines. A similar composition prevails in the stanzas consisting of heterosyllabic lines, e.g., in the poem by Zbigniew Morsztyn written in 1657 during his imprisonment by the Swedes:

Ja śpiewam, a me siły
Tak długim więzieniem
Już się prawie zwątliły,
Żem już prawie cieniem;
Mną, gdy wiatr wieje,
Jak trzciną chwieje.

Śpiewam ci, lecz me głosy,
Głosy żałośliwe,
Echo porannej rosy
Rozbija płaczliwe,
Gdy po dolinie
Dźwięk się rozwinie.
(Zb. Morsztyn, "Duma niewolnicza")

Słowacki, who applied the 11-syllable sestina in his boldly designed *Podróż na Wschód*, did not follow the tradition, and many of his brilliant stanzas did not fit the scheme 4 + 2. He did not consider it necessary to place a point in the concluding couplet and sought other schedule patterns. More conservative was his treatment of the sestina in the following poem, where an arrangement 5 + 1 could be traced:

2.

Gdyby przynajmniej przy rycerskiej śpiewce
    Karabin jemu pod głowę żołnierski!
Ten sam karabin, w którym na panewce
    Kurzy się jeszcze wystrzał belwederski,
Gdyby miecz w serce lub śmiertelna kula—
Lecz nie! Szpitalne łoże i koszula.

3.

Czy on pomyślał? tej nocy błękitów,
    Gdy Polska cała w twardej zbroi szczękła,
Gdy leżał smętnie w trumnie Karmelitów,
    A trumna w chwili zmartwychwstania pękła,
Gdy swój karabin przyciskał do łona—
Czy on pomyślał wtenczas—że tak skona?
      (J. Słowacki, "Pogrzeb kapitana Mayznera")

The sestina fell under the influence of the syllabic-accentual system, and it occasionally included masculine rhymes.

The sextet with the rhyme pattern aabccb was known as early as the fifteenth century and appeared often in later poetry. Adam Asnyk created an iambic variant with a mixture of masculine and feminine rhymes, in which the tercets have been contrasted:

Za moich młodych lat
Piękniejszym bywał świat,
    Jaśniejszym wiosny dzień;
Dziś nie ma takiej wiosny.
Posępny i żałosny
    Pokrywa ziemię cień.
      (A. Asnyk, "Za moich młodych lat")

Among other rhyme arrangements the sextet with the pattern abbaab gained some recognition. F. Faleński used it with considerable skill, occasionally introducing lines of different length. A. Nowaczyński applied it to satirical poetry adding internal rhymes:

> Czy aktualny rym zna na: Ojczyzna,
>   Pytałem pana, co z okoliczności
>   Uroczystości rymuje najprościej.
> Dawniej był smutny, piękny, krótki: blizna.
> Dziś—każdy przyzna—jest wiele: stęchlizna
>   Pierwsza: jej równych mam też w obfitości.
>   (A. Nowaczyński, "Meandry")

4. The octave

Many 8-line staves are in existence, and their popularity is comparable to that of sextets. The best known was the variant consisting of two quatrains with alternate rhymes. Naturally some additional internal cohesion was necessary or the stanza would remain a loose combination of two separate quatrains. The link was provided by syntactic and intonational interdependence as well as content. This poem, written at the end of the eighteenth century, became a universally known carol:

> Bóg się rodzi, moc truchleje,
> Pan niebiosów obnażony,
> Ogień krzepnie, blask ciemnieje,
> Ma granice nieskończony:
> Wzgardzony okryty chwałą,
> Śmiertelny król nad wiekami,
> A Słowo Ciałem się stało
> I mieszkało między nami.
>   (Franciszek Karpiński, "Pieśń o Narodzeniu Pańskim")

The first six lines of the stanza consist of parallel sentences relating miraculous happenings associated with the birth of Christ. The final couplet provides the climax; as a refrain it is repeated in all other stanzas of the song. Such an arrangement accentuates the coordination of content and stanza form. Other authors show more clearly the distinction between the respective quatrains:

> Popalone sioła,
> Rozwalone miasta,
> A w polu dokoła
> Zawodzi niewiasta.
> Wszyscy poszli z domu,
> Wzięli z sobą kosy,
> Robić nie ma komu,
> W polu giną kłosy.
> (W. Pol, "Śpiew z mogiły")

The most impressive chapter in the history of the octave was the brilliant success of ottava rima (called in Polish "oktawa"), with the rhyme arrangement abababcc. The length of lines varied. Yet the most renowned form consisted of 11-syllable lines; it came from Italy in the early seventeenth century through the translation of Torquato Tasso's *Gerusalemme liberata* by Piotr Kochanowski (1618). The Polish translation kept the form of the original stanzas, while in other languages syllabic-accentual verse was occasionally substituted, and masculine rhymes inserted.

At first the stanza posed some difficulties in view of its length and triple rhymes. As to the structural pattern, the scheme of ottava rima suggested division into two unequal sections, consisting respectively of six and two lines. However, in the translation of Piotr Kochanowski (nephew of Jan) the content was arranged in parallel couplets disregarding the specific features of the stanza concerned:

> Gdy tak młodzieńczyk sławą uwiedziony
> W srogiego Marsa dzieło się wprawował
> I gęste roty, i lud potrwożony
> Mieszał i śmiało wszędzie następował,
> Chytry Argillan, zachodząc go z strony,

Nieostrożnego jakoś upilnował,
Konia pod nim skłuł, że ledwie na nogi
Wstał, a on już miecz nad nim trzymał srogi.

W samej miał tylko nadzieję litości,
Ręce do niego złożone obrócił;
Lecz w okrutniku kwiat pięknej młodości
Zatwardziałego serca nie okrócił;
Ciął nań; ale miecz większej beł ludzkości
I żałując go płazą się wywrócił.
Cóż po tym? znowu zadał mu sztych srogi,
I miecz przez dzięki musiał iść w swe drogi.
            (P. Kochanowski, translation of *Gerusalemme liberata* by
            Torquato Tasso)

Soon *ottava rima* became the favorite stanza form for
epic poetry. It appeared in the original and translated works
of several prominent poets of the century; Twardowski,
Andrzej Morsztyn, and Stanisław Herakliusz Lubomirski.
Among the writers of the Enlightenment Krasicki used the
same stanza not only in his unsuccessful heroic epic *Wojna
chocimska,* but in his humorous poems—*Myszeis* and *Monachomachia,* as well as in the didactic *Antimonachomachia.* Krasicki sought closer interweaving of line arrangement and
other elements of poetic texture. In his poems every *ottava
rima* enclosed a definite, well delineated fragment of the content and was logically and syntactically self-sufficient. Thus,
in *Monachomachia,* describing the glorious cup on which the
images of the four seasons were carved, the poet lingered
over the spring for two stanzas but managed to squeeze each
of the remaining three seasons into a single *ottava rima:*

Już kłos dojrzały do ziemi się zgina,
      Już wypróżnione są gniazdeczka ptasze,
Lato swych darów użyczać zaczyna;
      Parafijanie jadą na kiermasze.
Pije ksiądz Wojciech do księdza Marcina,
      Piją dzwonniki, Piotry i Łukasze;

Gromady, odpust, wesela, jarmarki,
Skrzętne po domach biegają kucharki.

Jesień plon niesie, korzyści zupełne,
   Jesień radości pomnaża przyczyny:
Składa gospodarz z owiec miętką wełnę,
   Tłoczy na zimę wyborne jarzyny;
Cieszy się, patrząc, że stodoły pełne.
   Śmieje się pleban, kontent z dziesięciny.
Co dzień odbiera nowiny pocieszne,
Co dzień rachuje wytyczne i meszne.

Mróz role ścisnął, śnieg osiadł na grzędzie:
   Zima posępna przyszła po jesieni;
Wrzaski po karczmach, radość słychać wszędzie,
   Trunek myśl rzeźwi i twarze rumieni.
Idzie z wikarym pleban po kolędzie,
   Żaki śpiewanie zaczynają w sieni.
Gospodarz z dziećmi gospodarza wita,
Kończy się kuflem pobożna wizyta.
     (I. Krasicki, *Monachomachia*, canto VI)

Some of the Classicists grumbled that the intricacies of rhyming involved in ottava rima weighed too heavily on the lines. Yet Dyzma Bończa Tomaszewski used it in his ponderous epic poem *Jagiellonida*. Mickiewicz, a severe critic of the form, occasionally inserted it in his narrative poems *Grażyna* and *Konrad Wallenrod*. For Słowacki the inconvenience indicated by the Classicists was not a discouragement but an incentive. In this respect he agreed with Byron, who treated technical obstacles as an opportunity for fireworks. Słowacki adopted this attitude as a part of his poetic program

Chodzi mi o to, aby język giętki
   Powiedział wszystko, co pomyśli głowa;
A czasem był jak piorun jasny, prędki,
   A czasem smutny jako pieśń stepowa,
A czasem jako skarga nimfy miętki,

A czasem piękny jak aniołów mowa,
Aby przeleciał wszystko ducha skrzydłem:
Strofa winna być taktem, nie wędzidłem.
(J. Słowacki, *Beniowski*, V, 133–40)

In the act of writing this meant that he handled the stanza form with perfect ease. In the quoted excerpt the arrangement of the syntactic pattern is 7 + 1; however, more common was the pattern 2 + 6, conflicting with the formal scheme of the stanza. Occasionally Słowacki would introduce run-on stanzas. Some of his long syntactic groupings stretched over several interconnected ottava rima. The gigantic poem *Król-Duch* was not conceived as a display of technical mastery, but its stanzas in some respects gave that impression.

After the triumph of Słowacki, interest in ottava rima waned. In *Assunta* Norwid partly restored the natural syntactic scheme 6 + 2, but other authors—Konopnicka (in *Pan Balcer w Brazylii*) and Kazimierz Przerwa-Tetmajer (in *Pour passer le temps oktawą*)—and some poets of Symbolism were under Słowacki's spell.

Among the other eight-line stanzas the triolet enjoyed some popularity among the members of the Philomathean Society, in which Mickiewicz played a prominent role. A triolet (rhyming order abaaabab) was inserted in Mickiewicz' ballad "Dudarz":

Komu ślubny splatasz wieniec
Z róż, lilii i tymianka?
Inny kocha cię młodzieniec,
Ty innemu oddasz wieniec.
Zostawże łzy i rumieniec
Dla nieszczęsnego kochanka,
Gdy szczęśliwy bierze wieniec
Z róż, lilii i tymianka.
(A. Mickiewicz, "Dudarz")

5. The tercet

Three-line staves originated in medieval Latin poetry. The Latin hymn "Dies irae" was written in 8-syllable tercet with one rhyme (aaa). It was often translated and paraphrased. The translations usually maintained the characteristics of the original Latin verse:

Dzień on gniewu, dzień straszliwy
Spali w popiół świat złośliwy.
Tak śpiewa Prorok prawdziwy.

O jakaż tam trwoga będzie,
Gdy Sędzia Wieczny przybędzie
I na stolicy usiędzie.

Trąba głosem przeraźliwym
Każe umarłym i żywym
Stawać przed tronem straszliwym.

Śmierć sama i przyrodzenie
Zdumieje się, gdy stworzenie
Wstanie na swe osądzenie.
(Zb. Morsztyn, *Muza domowa*, II, p. 194)

It was natural that the reappearance of the stanza revived the memory and the mood of the medieval prototype evoking the vision of the end of the universe. Kasprowicz made it a leitmotif of his powerful hymn "Dies irae."

Other metric variants were also known. Rej started to use the heterosyllabic variant 8a 8a 7a, and other versifiers followed his example. Some association with religious motifs was frequent. This tradition, revived in the period of Symbolism, provoked a travesty composed by Boy-Żeleński.

Among the modern poets who were fond of the tercet, Leopold Staff (1879–1957) earned a special distinction. He applied this stanza to various kinds of poetry: religious verse, reflexive meditations, descriptive works, historical legends.

He introduced it in the miniatures and in the poems devised on a more ambitious scale. He experimented with the lines of different length, and sometimes he consciously deviated from the prevailing tendency to enclose a separate sentence in every single line, although this trend seemed to be typical for this kind of stave.

One of Staff's contemporaries, Bolesław Leśmian, remained more conservative and outlined the parallel syntactic structure of lines with obvious care by putting anaphoras at the beginning of the respective verses. As a typical example of his technique a fragment of his ballad may be quoted:

Więc serdecznie jej sękom przyglądał się z bliska,
Więc widział, jak się zmaga i rdzą bólu błyska,
Więc poniósł własnoręcznie chorą do schroniska.

Tam jej wybrał zakątek od słońca pstrokaty,
Tam jej rany w rosiste poobłóczył szaty,
Tam przygrywał na lutni i znosił jej kwiaty.

Ale wkrótce nadeszły rozpląsane święta,
I króla otoczyły w pałacu dziewczęta,
I zapomniał o wierzbie,—bo któż to spamięta?
    (B. Leśmian, "Asoka")

Among many kinds of Polish tercets the "terza rima" derived from Dante's *La commedia divina* was adopted. It consisted almost entirely of 11-syllable lines, but a few other lengths (e.g., the alexandrine) were also acceptable. Although Dante's "terza rima" had already been used in the poetry of Jan Kochanowski, it seldom appeared in the seventeenth and eighteenth centuries. Its prestige grew in the Romantic period. It was used for lyrical poetry rather than for the epic narrative. Słowacki expressed in the terza rima the sensations he had on his visit his contact with Rome:

Nagle mię trącił płacz na pustym polu;
"Rzymie! nie jesteś ty już dawnym Rzymem."
Tak śpiewał pasterz trzód siedząc na koniu.

Przede mną mroczne błękitnawym dymem
Sznury pałaców pod Apeninami,
Nad nimi kościół ten, co jest olbrzymem.

Za mną był morski brzeg i nad falami
Okrętów tłum jako łabędzie stado,
Które ogarnął sen pod ruinami.

I zdjął mię wielki płacz, gdy tą gromadą
Poranny zachwiał wiatr i pędził dalej
Jakby girlandę dusz w błękitność bladą.
        (J. Słowacki, "Rzym")

Asnyk composed in *terza rima* his gloomy reflections on the insurrection of 1863, characterized as a Dantesque inferno ("Sen grobów"). Many Symbolists paid homage to Dante by introducing his stanza in some of their works. Kasprowicz applied it in his poem *Chrystus.* In the shorter poems there was a tendency to organize the whole as a cohesive syntactic unit. Staff reduced the lines to 9 and 8 syllables, alternating masculine and feminine rhymes (Aba bCb CdC D):

Po długich latach pierwszy raz
Idę jesienną tą aleją.
Jak mija czas, jak mija czas.

Pożółkłe liście lip się chwieją
I drży na ścieżce modry cień.
Z dwu stron dwa rzędy pni czernieją.

Na ławkę, o stuletni pień
Wspartą, rzuciłem nagle okiem . . .
Tutaj siedzieliśmy w ów dzień . . .

Przeszedłem mimo szybkim krokiem.
        (L. Staff, "Po latach")

The 3-line stave survived in modern poetry. Its literary associations seemed to underscore the gloomy postwar depression. It could be rhymed, or rhymeless, as in "Domek z kart," "Skrzydła i ręce," and "Pomniki z czasów okupacji" by Tadeusz Różewicz, and still preserve its specific emotional coloring. The last of the mentioned works was written in heterosyllabic verse:

Nasze pomniki	5
są dwuznaczne	4
mają kształt dołu	5
nasze pomniki	5
mają kształt	4
łzy	1
nasze pomniki	5
budował pod ziemią	6
kret	1
nasze pomniki	5
mają kształt dymu	5
idą prosto do nieba	7

(T. Różewicz, "Pomniki z czasów okupacji")

6. The couplet

The couplet arose spontaneously in Polish folklore. Many proverbs and sayings were conceived as rhymed couplets, e.g., "W maju jak w gaju," "Do Świętego Ducha nie zdejmuj kożucha," Lepszy wróbel w ręku niż dzięcioł na sęku," etc. Parallel syntactic structure of the lines prevailed. Parallelism was also typical in the confrontation between human life and nature which characterized the peasant songs. From folklore this kind of verse came into literature. It could be found in the first conscious efforts to render the style of folk songs. Franciszek Karpiński displayed it in a poem imitating the songs of itinerant beggars:

Śladem bieda przyszła, śladem
Za zbytkami i nieładem.

Długo nad granicą stała,
Wolności się dotknąć bała.

Wolności się dotknąć bała,
Bo ją dawno szanowała.

Wolności, niebieskie dziecko,
Ułowiono cię zdradziecko;

W klatkę cię mocno zamknięto,
Bujnych skrzydełek przycięto.

(F. Karpiński, "Pieśń dziada sokalskiego")

Naturally the length of the lines could vary, but the 8-syllable line was quite popular. In his poem "Jak Janosik tańczył z cesarzową," Kazimierz Przerwa-Tetmajer in his distichs combined trochaic 8-syllable verse with its catalectic variant ending with masculine rhymes. The link with folklore persisted in modern poetry; it was conspicuous in the distichs of B. Leśmian. Jerzy Pietrkiewicz used 10- and 11-syllable couplets in his legend:

Przed odpustem, jakoś na jesieni
Święty Józef nagle się odmienił.

Posiwiała mu o świcie broda.
Choć z szczeciny—czarnej brody szkoda.

Walą ludzie z całej okolicy,
Z Lipna, Sierpca, a nawet z Brodnicy.

Módl się za nas, osiwiały patronie!
Kościół w kwiatach, pieśniach i łzach tonie.

Módl się za nas, siwy Oblubieńcze,
Cały powiat gruchnął na ziem i klęczy.

(J. Pietrkiewicz, "O świętym prostaczku, któremu broda osiwiała")

Some authors modeled their couplets on Latin distichs, ancient as well as medieval. The elegiac distich provided a formula for aphoristic verse. Wacław Rolicz-Lieder used syllabic-accentual hexameter in unrhymed couplets:

Zeyer zwiedzał ziemie, dalekie deptał krainy,
Widział jasne słońce w kołysce swojej światowej.

Zeyer pijał wodę z tysiąca rzek egzotycznych,
Żadna woda taką nie była jako wełtawska.

Zeyer widział oczy arabskich dziewcząt u studzien,
Widział lotny uśmiech sewilskich, smagłych Hiszpanek.

W górach, czeskich górach, na starej, szumnej Szumawie
Zeyer stroi lutnię, mityczną lutnię miłości.
　　(W. Rolicz-Lieder, "Ballada o Juliuszu Zeyerze")

Still another influence on distichs came from the East; the resonance of the Arabic "kassidas" and "gazelas" penetrated the poetry of several writers, e.g., Mickiewicz and Łobodowski. The modern poets seem to value the couplet, for it can be found in almost every volume written by prominent contemporary poets. The following poem of Różewicz exploited the stanza to show off contrasting motifs:

Są gruszki złote na talerzu
kwiaty i dwie dziewczyny młode

Na stole fotografia chłopca
jasny i sztywny w czarnym kepi

Dziewczyny mają miękkie wargi
dziewczyny mają słodkie oczy

Przez pokój idzie biedna matka
poprawia fotografię płacze

Gasną na stole złote słońca
i martwy owoc jej żywota
　　(T. Różewicz, "Martwy owoc")

7. The sonnet

As in many other aspects of Polish poetry, Kochanowski was a pioneer in sonnet writing. Undoubtedly he gained his inspiration from Italian poets. In the sonnet "Do Stanisława" he followed the rhyming pattern abba abba cdcd ee; he also used 11-syllable verse, which prevailed in Italian sonnets:

> Nie przez pochlebstwo, ani złote dary,
> Jako te lata zwykły teraźniejsze,
> Ale przez cnotę na miejsce ważniejsze
> Godzisz, Wapowski, jako zwyczaj stary.
>
> Szczęśliwe czasy, kiedy giermak szary
> Był tak poczciwy, jako te dzisiejsze
> Jedwabne bramy coraz kosztowniejsze.
> Wprawdzie nie było kosztu na maszkary,
>
> Ale był zawżdy koń na staniu rzeźwi,
> Drzewo, tarcz pewna i pancerz na ścienie,
> Szabla przy boku; sam pachołek trzeźwi
> Nie szukał pierza, wyspał się na sienie,
>
> A bił się dobrze. Bodaj tak uboga
> Dziś Polska była i poganom sroga!
>   (J. Kochanowski, "Do Stanisława")

In this sonnet the poet did not try to maintain the syntactic detachment of separate sections. The end of the eighth line did not concide with the end of the clause. Although the last couplet is ostensibly divided from the preceding passage, the two are syntactically interconnected. More coordination appeared in Kochanowski's two remaining sonnets.

For Mikołaj Sęp Szarzyński (1551–1581) the structural scheme of the stanza was a matter of paramount consideration. The sonnet "Of the struggle we wage against Satan, the world and the flesh" is an excellent sample of his technique:

Pokój—szczęśliwość; ale bojowanie
Byt nasz podniebny: on srogi ciemności
Hetman i świata łakome marności
O nasze pilno czynią zepsowanie.

Nie dosyć na tym, o nasz możny Panie!
Ten nasz dom—ciało, dla zbiegłych lubości
Niebacznie zajźrząc duchowi zwierzchności,
Upaść na wieki żądać nie przestanie.

Cóż będę czynił w tak straszliwym boju,
Wątły, niebaczny, rozdwojony w sobie?
Królu powszechny, prawdziwy pokoju
Zbawienia mego, jest nadzieja w Tobie!

Ty mnie przy sobie postaw, a prześpiecznie
Będę wojował i wygram statecznie!
      (M. S. Szarzyński, "O wojnie naszej, którą wiedziemy z
      szatanem, światem i ciałem")

The poet's success in harmonizing the content with the structural pattern of the stanza is beyond doubt. The two quatrains draw a vision of the elements struggling against human peace, which in the poet's opinion is the epitome of happiness. The remaining six lines are devoted to the only mainstay of salvation, the final couplet expressing a definite note of hope.

Some authors of the Baroque period continued the tradition of sonnet writing, but in the eighteenth century it disappeared, to be brought to new splendor by the Romanticists. The signal for this revival was given by Mickiewicz, who published in 1826 a volume of sonnets. The love poems of the volume were reminiscent of Petrarch; the descriptive Crimean sonnets were comparable to the similar poems of Wordsworth. Mickiewicz emphasized distinctly the division between the first two quatrains and the following two triplets. The sonnet "Cisza morska" describes at first the serene sea wave dreaming of happiness as a young bride; and the last six lines spring a surprise—the calmness awakens the sleeping octopus comparable to painful memories in the human heart:

> O morze! Pośród twoich wesołych żyjątek
> Jest polip, co śpi na dnie, gdy się niebo chmurzy,
> A na ciszę długimi wywija ramiony;
>
> O myśli! W twojej głębi jest hydra pamiątek,
> Co śpi wpośród złych losów i namiętnej burzy,
> A gdy serce spokojne, zatapia w nim szpony.
>   (A. Mickiewicz, "Cisza morska")

Mickiewicz prompted other poets. Słowacki wrote a few sonnets in his youth. Other contemporaries used the sonnet for different subjects. Over half a century later Adam Asnyk wrote a cycle of sonnets "Nad głębiami," using it to convey his philosophical meditations on the universe and human destiny. Among the Symbolists almost every poet tried to work with the sonnet, which became the supreme test of technical skill and artistic maturity. Kasprowicz' series "Z chałupy" combined description and social elements; their content sometimes interfered with the complex characteristics of the stanza. Leopold Staff contrasted the refinement of the sophisticated stanza with the triviality of the subject:

> Czcigodny gnoju, dobroczynne łajno,
> Tchnące, jak znojna najmity pazucha
> I nowa skóra chłopskiego kożucha,
> Ostrej tężyzny siłą życiodajną!
>
> Żyzności łaskę kryjesz w sobie tajną,
> I ciało ziemi łaknie twego ducha.
> W tobie nadzieja pól i wsi otucha,
> Bo czynisz siejbę stokrotnie wydajną.
>
> Zdrowiem z obory kiedy bijesz mlecznej,
> Masz dziką świeżość potęgi odwiecznej,
> Którą się brzydzą mieszczuchowie słabi.

Lecz czarnym Bogom pracy, gdy im w lica
Dymisz w świt chłodny, niby kadzielnica,
Pachniesz jak wszystkie wonności Arabii.
  (L. Staff, "Gnój")

This interest lasted until the period between the two
World wars, but then it lost its appeal. Some attempts to
write sonnets with assonances instead of accurate rhymes were
unimpressive. The form was still used by translators; several
of them rendered Shakespearean sonnets into Polish. The
former general interest could not yet be restored. However,
the sonnet was more deeply rooted in Polish poetry than
in Russian poetry and made an important contribution to
its development.

8. Other stanza forms

In this condensed survey a few words should be said
of 5-line staves. The pentastich has had a respectable tradition, as its debut took place in the fifteenth century. It was
usually associated with lyrical poetry and with songs. It penetrated folk literature, which in turn inspired some writers.
One of the well-known specimens of this mutual inspiration was a ballad paraphrased by Aleksander Chodźko, which
told of a murder of a girl by her sister:

Przez litewski łan
Jedzie, jedzie pan,
Przed nim, za nim jego cugi,
W złocie, w srebrze jego sługi,
  Jedzie w gościnę.

Przyjechał na dwór
Do matki dwóch cór:
"Matko, matko, masz dwie róże,
Obie kraśne, obie hoże,
  Daj mi jedną z nich."
  (A. Chodźko, "Maliny")

Among various arrangements of syntactic organization within the pentastich the frequent one was the split 2 + 3, which prevailed in the apostrophe of Adam Asnyk:

Szukajcie prawdy jasnego płomienia,
Szukajcie nowych, nie odkrytych dróg . . .
Za każdym krokiem w tajniki stworzenia
Coraz się dusza ludzka rozprzestrzenia,
 I większym staje się Bóg!
 (A. Asnyk, "Do młodych")

In recent times Władysław Broniewski chose the 7-syllable pentastich for his poem:

"Witaj, piękna przygodo!
Witaj, gwiezdna pogodo!"
Wplątany w włosy komet,
chwytam cienie Andromed,
patrzę w Luny twarz młodą.

Gwiazdy, gwiazdy, przepuśćcie!
pieśni szukam w tej pustce,
wylewam z butli czarnej
wino w pył planetarny,
ale milczą czeluście . . .
 (Wł. Broniewski, "Poeta i trzeźwi")

A number of other poets contributed to the development of this stanza form, introducing various modifications. It can be found in contemporary poetry:

Jesień
ptaszek bursztynowy
przejrzysty
z gałązki na gałązkę
nosi krople złota

Jesień
ptaszek rubinowy
świetlisty
z gałązki na gałązkę
nosi krople krwi

Jesień
ptaszek lazurowy
umiera
z gałązki na gałązkę
kropla deszczu spada
      (T. Różewicz, "Bursztynowy ptaszek")

Nine-line staves appeared mainly in ballads and songs. The Spenserian stanza was used in two poems of J. Słowacki, but its most ambitious Polish exponent was Jan Kasprowicz who also translated a part of Spenser's poem, *The Faerie Queene*. The fourteen-line stanza of *Evgeni Onegin* by Aleksander Pushkin (aBaBccDDeFFeGG) was taken over by the translators of this poem. Some of them, however, reduced the number of masculine rhymes. A great number of other stanza forms containing up to 39 lines were worked out; some of them were a result of individual ingenuity, while others mirrored the works of foreign poets. Most of them enjoyed only limited popularity, but they showed the adaptability of Polish to various poetic assignments.

In the poetry of the Avant-garde there was vigorous opposition to the traditional stanza as a poetic vehicle. Julian Przyboś devoted to this subject a virulent article "Kataryniarze" (Organ-grinders) echoing the aggressive style of Futurist manifestos: "I declare the organ-grinders and the stanza-makers the defuncts of poetry! Away with the childishness of stanzas and of bombastic displays! Students of Polish verse, shun the organ-grinders and guard yourselves from the impact of direct lyricism! Leave the epigones to their own fate."[3] Apart from this attitude of the avant-garde, there

[3]Published in 1931, this essay was quoted here from Jan Brzękowski, *Wyobraźnia wyzwolona* (Warszawa, 1966), p. 174.

was less interest in stanza-making. The poets of the *Skamander* group relied mainly on the syllabic quatrain. There was still a demand for ingenious and complicated staves among the song-makers, but their work was usually outside the scope of literature.

8

~~~~~~

Supplementary Devices

1. Anaphora

The weakening of some traditional verse-making devices encouraged the testing of other means of structural cohesion. This trend coincided with the frequent reappearance of the anaphoras. They were deeply rooted in the collective consciousness owing to the litanies which belonged to the most popular literary genres of religious verse.

Norwid compiled a paraphrase "Do Najświętszej Panny Marii litania" where anaphoric passages performed an important esthetic function. The same poet combined the anaphoras with the parallel structure of syntactic links:

> Przez wszystko do mnie przemawiałeś—Panie,
> Przez ciemność burzy, grom i przez świtanie;
> Przez przyjacielską dłoń w zapasach z światem,
> Pochwałą wreszcie—och! nie Twoim kwiatem. (. . .)
> I przez tę rozkosz, którą urąganie
> Siódmego nieba tchnąć się zdaje—latem—
> I przez najsłodszy z darów Twych na ziemi,
> Przez czułe oko, gdy je łza ociemi;
> Przez całą dobroć Twą, w tym jednym oku.
> (C. K. Norwid, "Modlitwa")

In such instances the anaphora acted as an allusion to religious themes and a way of emphasizing the impact

175

of the emotional message. Mickiewicz used it basically as a device for emphasis:

—Precz z moich oczu! —Posłucham od razu.
—Precz z mego serca! —I serce posłucha.
—Precz z mej pamięci! —Nie, tego rozkazu
Moja i twoja pamięć nie posłucha.
(A. Mickiewicz, "Do Marii")

Maria Dłuska[1] observed that the anaphora could often be found in the poems of Adam Asnyk and Maria Konopnicka, the two poets of the period of Polish realism. It did not interfere with the syntactic structure, which usually maintained its usual correctness. Such repetitive use of words coinciding with uniformity of rhymes could produce monotony only partly alleviated by the ensuing euphony.

Among the modern writers the anaphora had surprising fascination for K. Wierzyński. This fine poet was also under the spell of litanies. Once he arranged in an anaphoric way a number of drab, commonplace sayings reflecting the hopelessness of everday existence:

Na co czekamy
Na matkę głupich
Na żadną nadzieję
Na wszystko już było
Na nic się nie zmieni
Na może jednak
Na co gdyby
Na ślepy przysłówek,
Na ślepy zaułek (. . .)
(K. Wierzyński, "Alleluja")

This was not an isolated experiment; in the same volume of poems *Kufer na plecach* (published in Paris in 1964)

[1] "Anafora," in *Poetics, Poetyka, Poetika* (The Hague—Warszawa, 1966), pp. 133–62.

the anaphora reappears in "Przerażony" (p. 67), "Epoka elektrowni" (pp. 91–93), "Siemiony" (pp. 96–97), etc. The earlier volume *Tkanka ziemi* was in this respect equally significant. Here the anaphora contributed in a subtle way to the mood of enchantment the poet wanted to convey:

Wszyscy ludzie powinni mieszkać w Japonii
Wszystkie kontynenty
Powinny leżeć koło niej
Wszyscy ogrodnicy
Powinni rzeźbić w ziemi jak Japończycy
Wszystkie kobiety
Powinny mieć cerę Japonek
Wszystkie książki
Poematy z japońskiego papieru i czcionek
Wszystkie Florencje
Powinny być podobne do Kioto
Wszystkie teatry do teatru Noh
Teatry—skrzypce, teatry—wulkany,
Nierzeczywiste, widziadlane,
Grające po to
by udowodnić
Że rzeczywiste rzeczy
Są
    (K. Wierzyński, "Wiersz o Japonii")

Significantly enough, the poet turned to the anaphora in his mature period when he renounced some of his former techniques and drew closer to the mainstream of his younger contemporaries. Dłuska listed a number of other modern poets making use of anaphoras, and the list could easily be lengthened. Yet the verse-making role of this device is still uncertain. Occasionally it helps to organize the stanza forms and becomes an element of structural unity:

Gdyby tam było tylko puste miejsce,
Gdyby tam było tylko puste miejsce
Nie byłoby ratunku

Gdyby tam nikt nie krzyczał
Gdyby tam nikt nie krzyczał głosem wielkim
Nie byłoby ratunku

Gdyby tam byli tylko łotrzy
Gdyby pochylali się nad niczym
Na wonnych drzewach południa
Nie byłoby ratunku

Gdyby tam było puste miejsce
Gdyby tam nikt nie krzyczał
Gdyby tam byli tylko łotrzy
Nie byłoby ratunku
(Marek Skwarnicki, "Wielki piątek")

The modern use of the anaphora seems to be more sophisticated, and it is more deeply enmeshed in the mechanism of verse-making. This obviously contrasts with the purely repetitive manner of earlier poets.

2. Alliteration

As the vowels were a backbone of the traditionally approved systems of versification, the consonants were not considered important in verse-making. Sometimes they were coordinated with other components of lines to underline their structure. Such was the use of the consonants "k" and "ł" in the line of J. U. Niemcewicz:

Kołacącego młyna tłukące się koła

Naturally the author also wanted to produce an impression of the wheels clattering in the water mill.

Use of consonants as an onomatopoeic device was not infrequent. Many instances of such effects can be traced in the works of the masters of Polish poetry. This is an illustration taken from the epic poem *Pan Tadeusz*:

Owdzie orzeł szerokim skrzydłem przez obszary
Zaszumiał, strasząc wróble jak kometa cary;
Zaś jastrząb, pod jasnymi wiszący błękity,
Trzepie skrzydłem jak motyl na szpilce przybity.
(Mickiewicz, Book II, *Pan Tadeusz*)

Even this limited phonetic function of consonants was subject to doubt. Jerzy Pietrkiewicz, possibly affected by ancient English verse, made a gallant attempt to create bold consonantal harmonies and occasionally distributed the consonants in such a way that they outlined the contours of the lines and stanzas:

Boze, niegodnym twoich batogów,
pokaleczony wiecznością,
stygmatyk smutków,
szaleniec snów.

Za bliskoś.
Za bliskoś.
Razi—porazi radość,
pali—popali miłość.

Patrz: płuca podziurawiłeś podmuchem parnym.
Niebem się krztuszę,
ołtarz ofiarny.
(J. Pietrkiewicz, "Stygmaty")

As is evident, the experimenting also involved vowels. Often verses sound like echoes of and allusions to the technique of Chaucer, and a tribute to Gerard Manley Hopkins. Pietrkiewicz also owed something to the Spanish Baroque masters. The following is a typical passage of a poem written by Pietrkiewicz:

. . tylko kosmos—kościotrup kontrastów
kręci się wokół osi tęsknoty. (. . .)

Miele się miazga mgły. Gwiazd ruch
na chmurach jak na chorych liczydłach. (. . .)

Bóg jest więzienną kratą,
piratem pobłąkanych snów.
W zmierzchu puszystym futrze
*wy*trych chowa, *wyważy wieczór,*
*Wy*kradnie *nów.*

(J. Pietrkiewicz, "Stygmaty")

These attempts did not yet have any followers. The poet himself turned to prose and emerged as an English novelist; his experiments remain an interesting episode in modern Polish verse making.

3. Role of consonants

Although there is no mention of the consonants in any definition of various verse systems, the accumulation of consonants is not a matter of indifference to the poetic rhythm. In *Crimean Sonnets* by Adam Mickiewicz their number varies between 13 and 25. Here are a few lines containing 13 or 14 consonants (all poems discussed in this section consist of 13-syllable lines):

13: O minarecie świata! o gór padyszachu! ("Chatyrdah")
13: Na wieki zatajona niewiernemu oku ("Mogiły haremu")
13: A na ciszę długimi wywija ramiony ("Cisza morska")
14: A na głębinie fala lekko się kołysa ("Ałuszta w dzień")

The quoted lines communicate fluent, calm movement or subdued, well-mastered emotions. For the sake of comparison they should be set beside verses containing the greatest number of consonants—24 or 25:

24: Wbiegł, rozciągnął się, zawisł w niewidzialnej sieci
    ("Żegluga")

24: Zdarto żagle, ster prysnął, ryk wód, szum zawiei
    ("Burza")

24: Nocy wschodnia! Ty na kształt wschodniej odaliski . . .
("Ałuszta w nocy")

24: Twój turban z chmur haftują błyskawic potoki
("Czatyrdah")

25: Jak w rozbitym zwierciedle, tak w mym spiekłym oku . . .
("Bajdary")

25: Tchnąłem, z ust mych śnieg leciał; pomykałem kroków . . .
("Widok gór ze stepów Kozłowa")

Increased number of consonants coincides with sudden
and violent effort, rapid action, an outburst of elemental
power, or passionate excitement. The selection of the verses
was based exclusively on the numerical criterion, yet the
difference between the message of the two groups is quite
explicit.

The rhythmic effect of the consonants still remains an
open question, but it is hardly questionable. Their part may
be compared to the roll of drums in modern musical com-
positions. An analogy can also be drawn to musical ornamental notes added on the margin of the basic rhythmic
outline without distorting its sequence. In many cases the
rhythmic impact of consonants becomes very efficient, as in
the passage from the last canto of *Pan Tadeusz:*

Mistrz coraz takty nagli i tony natęża,
Aż wtem puścił fałszywy akord jak syk węża,
Jak zgrzyt żelaza po szkle; przejął wszystkich dreszczem . . .

The first line contains 19 consonants, the second and
third respectively 24 and 28 consonants. In this way the
poet signals the passage of the playing musician from the
gay polonaise to the sorrowful and sombre part of his concerto.

A. Malczewski inserted in his description of a battle a
line with as many as 29 consonants:

Trzask, iskry-świst z połyskiem-huk-wrzask-jęki-rżenie . .
(*Maria*, II, 11, line 1097)

Even more impressive in this respect was a verse of
the sixteenth century writer Maciej Stryjkowski, enclosed in
his description of the battle at Grunwald,—it contained 33
consonants:

Z dział, z bębnów, z trąb trzask, krzyk, zbrój brzęk, konie
rżą, kwiczą

Some authors of the sixteenth century seemed to relish
such phonetic experiments. A line with 31 consonants was
inserted in the poem "Pieśń VII, Stefanowi Batoremu, Królowi
Polskiemu" by M. Sęp Szarzyński:

Spuści państwo pod twój sceptr, wdzięczny, sławny, zdrowy.

4. Word length

The lines quoted above from the versified part of M.
Stryjkowski's *Chronicle* and the narrative poem *Maria* by
A. Malczewski owed their expressiveness to the grouping
of one-syllable words conveying the effect of *staccato*. A
similar technique was used in the first verse of the sonnet
"The Storm" ("Burza") by A. Mickiewicz:

Zdarto żagle, *ster* prysnął, *ryk wód, szum* zawiei . . .

This line consists of one- and two-syllable words with
only one exception.

More subtle was the manipulation of words and word
clusters in "Fortepian Szopena" by C. Norwid:

Patrz! . . . z zaułków w zaułki
Kaukaskie się konie rwą
Jak przed burzą jaskółki,

Po sto—po sto—
—Gmach zajął się ogniem, przygasł znów,
Zapłonął znów—i oto—pod ścianę
Widzę czoła ożałobionych wdów
Kolbami pchane—
(From *Vade-mecum*, XCIX, IX)

F. Przysiecki, a poet of the period between the two world wars, skillfully inserted one-syllable words in one of his ballads in order to enhance the weird, nervous atmosphere of the satanic romance sealed with a murder:

—"Już świta. Patrz, poznajesz?"—"Tyś dama treflowa!"
—"Tak! Dama trefl, trefl dama! Przegrałeś, walecie!
Tyś moja, moja lewa,—oddaj ją bez słowa."
"Poznałem cię po oczach i wąskim sztylecie . . ."

—"Gdzie są brylanty czarne? Tu, tu, tu, ach, nie tu!
Tu, gdzie serce uderza tętnem oszołomień . . ."
I jeszcze raz przy ciosie wąskiego sztyletu
Ujrzał czarnych brylantów czarodziejski promień.
        ("Czarny brylant", from the volume *Śpiew w ciemnościach*.)

As a contrast a passage from the drama *Judasz z Kariothu* by K. H. Rostworowski is presented. It contains many four- and five-syllable words. In this way the author tries to convey the religious rapture and exuberant passion exploding with righteous wrath:

Nie ugoszczeni! Nauczający! Pomagający! Rozkazujący!
I gwałtujący! I gwałtujący, żeście zgorszenie dokoła siali,
lud uciskali, wyzyskiwali, aż się odwrócił, aż się przerzucił
na inną wiarę, proroki stare, błogosławione, duchem
        natchnione
za nic nie mając, jeno sięgając po inną wiarę, proroki stare,
błogosławione, duchem natchnione . . . I ugoszczeni? I
        pośmiewiskiem?

Może uciskiem? Może śmietniskiem?! Wy kolumnady, a
my narady!
(Act IV, II; quoted from *Pisma wybrane*, London, 1966,
p. 137.)

5. Alternate pronunciation

In contrast with the Romance languages, no elision
occurs in Polish versification, and basically every vowel of
poetic texts is pronounceable. In certain cases, however, the
authors applied some liberties which permitted the increase
or reduction of the number of syllables according to the
requirements of rhythm. This possibility should be taken
into account in order to interpret properly the rhythm.
Sometimes the spelling provides a hint, but in other cases
the readers are left to their own resources.

The most frequent doubt is connected with the letter "i"
preceding the vowel and following the consonant /type
"Maria"/. The word "ewangelia" appeared in the poetry of
the XIXth century in two different versions, one of them
consisting of five syllables and another containing only
four syllables:

Znasz ty Ewangeliją?—A znasz ty nieszczęście?
(A. Mickiewicz, *Dziady*, IV)

Dziś nawet w Ewangeliach czytają, co wolą?
(C. Norwid, "Rzecz o wolności słowa")

In the poem *Pan Tadeusz* A. Mickiewicz introduced the
word "pijany" /drunk/ in an abbreviated version as "pjany":

W zamku całym był tylko pan Stolnik, ja, Pani,
Kuchmistrz i trzech kuchcików, wszyscy trzej pijani
(*Pan Tadeusz*, II, 291–92)

Prawda, że jegry byli mocno trunkiem pjani,
Źle mierzą i chybiają, rzadko który rani . . .
(*Pan Tadeusz*, IX, 299–500)

The clusters *au, eu, ou,* could appear as an equivalent of one or two syllables:

Co-ś ty, Kolumbie, zrobił Europie, (E-u-ro-pie)
Że ci *trzy groby we trzech miejscach* kopie,
Okuwszy pierwej . . .
  (C. K. Norwid, "Co-ś ty Atenom zrobił . . .")

Ty! jesteś w Europie, poważny narodzie (Eu-ro-pie)
Żydowski, jak pomnik strzaskany na Wschodzie . . .
  (C. K. Norwid, "Żydowie polscy")

Foreign words were sometimes pronounced in such a way as if their spelling was Polish. In the poem of Gomulicki the name "Smiles" was made declinable and it was rhymed with "biesem":

Bez przerwy walcząc z nędzy biesem,
   Szył w dzień i w nocy;
Ten szewc mnie uczył przed Smilesem
   Samopomocy.
   (W. Gomulicki, "Na Kanonii")

Such distortions were sometimes introduced for humorous effects.

Vocabulary

〰〰〰〰〰〰〰〰〰〰〰〰〰〰〰

Acatalectic—akatalektyczny (with uncut number of syllables)
Accent—akcent
Accentual verse—wers sylabiczny
Accentual system—system toniczny
Alexandrine—aleksandryn (in French a 12-syllable line; in Polish a 13-syllable line.)
Alliteration—aliteracja
Alternate (rhymes)—rymy krzyżujące się, przeplatane
Amphibrach—amfibrach (_ $\acute{\_}$ _)
Amphimacer—amfimacer ($\acute{\_}$ _ $\acute{\_}$)
Anacrusis—anakruza (one or two syllables added to the line before the normal initial stress)
Anapest—anapest (_ _ $\acute{\_}$)
Anaphora—anafora
Anastrophe—przekładnia, przerzutnia
Anticadence (anticadenza)—antykadencja
Apocope—apokopa.
Assonance—asonans. *See* Rhyme.
Beat—akcent metryczny, rytm
Binary (foot)—dwusylabowy (o stopie)
Blank verse—wiersz biały
Broken (rhyme)—*See* Rhyme.
Cadence (cadenza)—kadencja
Caesura—cezura, średniówka
Catalectic—katalektyczny (lines reduced by one or two syllables)
Chain verse—wiersz łańcuchowy (stanzas are linked with the

rhyme—the last word of one stanza reappears at the beginning of the following stanza)

Chant royal—strofa królewska (24 + 4 lines)

Choreus—chorej (or trochej)

Choriamb(us)—choriamb ($\u{}$ _ _ $\u{}$)

Cinquain—pięciowiersz. *See* Stanza.

Clausula—klauzula (interval at the end of a line)

Colon—kolon, zestrój, zestrój intonacyjny

Consonance—*See* Rhyme.

Couplet—dwuwiersz, dystych

Crossed (rhyme)—*See* Rhyme.

Dactyl—daktyl ($\u{}$ _ _)

Decasyllabic—dziesięciosylabowy

Diaeresis or **Dieresis**—diereza (metric interval after the foot coinciding with the end of the word)

Dimeter—dwustopowiec. *See* Binary.

Dipody—dwustopowiec

Dissonance—dysonans

Distich—dwuwiersz, dystych (unrhymed)

Double (rhyme). *See* Rhyme.

Duplemeter—miara złożona ze stóp dwuzgłoskowych

Elegiac couplet—dwuwiersz elegijny (an ancient combination of a hexameter and a pentameter)

Elegiac stanza—strofa elegijna (an iambic quatrain 11a 10B 11a 10B)

Elision—elizja, wyrzutnia

Enclosing—(enclosed), okalający. *See* Rhyme.

End rhyme. *See* Rhyme.

Enjambment—przerzutnia

Epiphora—epifora

Eye rhyme. *See* Rhyme.

Feminine caesura—żeńska cezura

Feminine ending—żeńska końcówka (trochaiczna)

Foot—stopa

Foot, classical—stopa klasyczna (combination of long and short syllables with one stress)

Formalism in meter—formalizm metryczny

Formalism in rhyming—formalizm w rymowaniu

Free verse—wiersz wolny

Hendekasyllabic—jedenastozgłoskowy (wers, line)
Heptameter—siedmiostopowiec
Heptasyllabic—siedmiostopowy
Leonines—*See* Rhyme.
Monorhyme—monorym (a single rhyme stanza—e.g., aaa)
Monostich—jednowiersz
Octastich—ośmiowiersz
Octometer—ośmiostopowiec
Onomatopoeia—onomatopeja, dźwiękonaśladownictwo
Ottava rima—oktawa
Paeon I—peon I (´_ _ _ _)
Paeon II—peon II (_ ´_ _ _)
Paeon III—peon III (_ _ ´_ _)
Paeon IV—peon IV (_ _ _ ´_)
Pararhyme—dysonans (accented vowels are different, consonants
    are identical)
Pentameter—pięciostopowiec
Pentastich—pięciowiersz (unrhymed)
Penult—przedostatnia sylaba
Phoneme—fonema
Pitch—wysokość tonu
Phrasal rhythm—rytm zdaniowy
Prosody—prozodia
Pyrrhic—dwuzgłoskowiec (stopa dwusylabowa)
Quatorzain—czternastowiersz
Quatrain—czterowiersz
Quintain or Quintet—pięciowiersz
Refrain—refren
Rhyme—rym
   accurate—dokładny
   alternate—krzyżujący się, przeplatany
   assonance, assonantal rhyme—asonans
   banal—banalny
   brace—okalający (abba)
   broken—złożony (consisting of two words)
   consonance—dysonans
   consonantal—spółgłoskowy (identical consonants following dif-
      ferent stressed vowels)
   crossed (interlaced)—przeplatany

dactylic—daktyliczny. *See* Proparoxytonic.
deep—głęboki
dissonance—dysonans
enclosing—okalający. *See* Brace.
end rhyme—rym końcowy
exotic—egzotyczny (including proper nouns)
eye—dla oka, wzrokowy
feminine—żeński. *See* Trochaic, Paroxytonic.
for the ear—dla ucha
for the eye—dla oka
grammatical—gramatyczny
head—czołowy
heteroaccentual—różnoakcentowy
heteroconsonantal—różnospółgłoskowy
historical—historyczny
homonymic—homonimiczny
identical—identyczny (ze spółgłoską oparcia, tautologiczny)
inaccurate—rym niedokładny
internal—wewnętrzny
irregular—nieregularny
isoaccentual—izoakcentowy
isoconsonantal—izospółgłoskowy
leonines—leoniny (rhymed words preceding the caesura and the
    diaeresis)
masculine—męski (*See* Oxytonic).
medieval—średniowieczny
oxytonic—oksytoniczny. *See* Masculine.
parallel—równoległy (aabb)
paroxytonic—paroksytoniczny, żeński. *See* Feminine, Trochaic.
perfect—doskonały
proparoxytonic—proparoksytoniczny, daktyliczny. *See* Dactylic.
rare—rzadki
rich—bogaty
slant—niedokładny
trochaic—trocheiczny, żeński. *See* Paroxytonic, Feminine.
truncated—niepełny, ucięty
Rhythm—rytm
Rocking (rhythm)—kołyszący (if the accents are placed between
    two unstressed syllables)

Rondeau—rondo
Scansion—skandowanie
Serpentine (verse)— wężowaty (beginning and ending with the same word)
Sesquipedalian—wielostopowy (humorous word)
Sestina—sestyna (sekstyna)
Sixain—sześciowiersz
Sonnet—sonet
Spenserian stanza—strofa Spenserowska
Spondee—spondej
Stanza—strofa, zwrotka
   brace octave—ośmiowiersz okalający (abbacddc)
   bugle-call stanza—strofa hejnałowa (e.g., 8a 8a 7a)
   cinquain—pięciowiersz
   common octave—ośmiowiersz zwykły (ababcdcd; xaxaxbxb)
   couplet—dwuwiersz
   distich—dwuwiersz nierymowany, dystych (unrhymed)
   (distich) elegiac—dystych elegijny
   heptastich—strofa siedmiowierszowa
   King Stanislas quatrain—strofa Stanisławowska (11a 8b 11a 8b)
   octastich—ośmiowiersz
   octave—ośmiowiersz; początkowe osiem wierszy sonetu
   ottava rima—oktawa (abababcc)
   pentastich—pięciowiersz nierymowany (unrhymed)
   quatrain—czterowiersz
   rondeau—rondo
   Sapphic stanza—strofa saficka
   sestina—sestyna (ababcc)
   sixain—sześciowiersz
   sonnet—sonet
   Spenserian stanza—strofa Spenserowska
   tercet—trójwiersz
   terza rima—tercyna
   tetrameter—czterostopowiec
   tetrastich—czterowiersz nierymowany (unrhymed)
   triolet—triolet (abaaabab)
   triplet—trójwiersz
   triptich—trójwiersz nierymowany (unrhymed)
Stave—strofa, zwrotka

Strophe—strofa, zwrotka (especially in the Greek choir)
Syllabic-accentual system—system sylabotoniczny, sylabotonizm
Syllabic-accentual verse—wiersz sylabotoniczny
Syllabic verse—wiersz sylabiczny
Syllabism—sylabizm
Tetrameter—czterostopowiec
Trimeter—trójstopowiec
Trinary—trójzgłoskowy (of feet)
Triplet—stopa trójwierszowa
Unrhymed verse—wiersz nierymowany. *See* Blank verse.

Selected Bibliography

〜〜〜〜〜〜〜〜〜〜〜〜〜〜〜〜〜〜〜〜〜〜〜〜〜〜〜〜〜〜〜〜〜〜

ABRAMOVIČ, G. A., GEI, N. K., ERMILOV, V. V., KURIAGIN, M. S., ELSBERG, JA. E. (ed.). *Teoria Literatury. Osnovnye problemy v istoričeskom osveščenii. Stil'. Proizvedenie. Literaturnoe razvitie.* Moskva, 1965.

AKHMANOVA, O. S. *Slovar' lingvističeskix terminov.* Moskva, 1966.

ARNSTEIN, FLORA J. *Adventure into Poetry.* Stanford, Calif., 1951.

BARNET, SYLVAN, BERMAN, MORTON, and BURTO, WILLIAM. *A Dictionary of Literary Terms.* Boston, 1960.

BATESON, F. M. *English Poetry and the English Language. An experiment in literary history.* Oxford, 1934.

BECKSON, K., and GANZ, A. *A Reader's Guide to Literary Terms.* London, 1961.

BEM, ANTONI GUSTAW. *Teoria poezji polskiej z przykładami w zarysie popularnym estetyczno-dziejowym.* Petersburg, 1899.

BENNI, TYTUS. "O akcencie polskim," *Sprawozdania Towarzystwa Naukowego Warszawskiego,* VII, 6. Warszawa, 1916.

BIRKENMAJER, JÓZEF. *'Bogarodzica dziewica.' Analiza tekstu, treści i formy.* Lwów, 1937.

BOROWY, WACŁAW. "Anatomia wiersza," *Studia i rozprawy,* II (Wrocław, 1952), 181–192.

————. "Polski wiersz trzynastozgłoskowy a badania Marii Dłuskiej," *Studia i rozprawy,* II (Wrocław, 1952), 237–82.

————. "Prehistoria polskiego wiersza tonicznego," *Studia i rozprawy*, II (Wrocław, 1952), 193–99.

BOY-ŻELEŃSKI, TADEUSZ. "Nekrolog rymu," *Pisma* (Warszawa, s.a.), VI, 69–75.

BREWER, R. F. *Orthometry*. Edinburgh, 1928.

BROOKS, CLEANTH. *Modern Poetry and the Tradition*. London, 1948.

BUDZYK, KAZIMIERZ. "Co to jest polski sylabotonizm?" *Pamiętnik Literacki*, XLVI (1955), 123–52.

————. "Polskie systemy wersyfikacyjne," *Przegląd Humanistyczny*, IV; 7 (1958), 45–74.

————. *Spór o polski sylabotonizm*. Warszawa, 1957.

————. *Stylistyka, poetyka, teoria literatury*. Wrocław, 1966.

————. (ed.). *Stylistyka teoretyczna w Polsce*. Warszawa, 1946.

BURGES, JOHNSON. *New Rhyming Dictionary and Poet's Handbook* (New York, 1957).

CEGIELSKI, H. *Nauka poezji*. Warszawa, 1851.

CLARKE, DOROTHY CLOTELLE. *A Chronological Sketch of Castilian Versification Together with a List of Its Metric Terms*. Berkeley, 1952.

DEMBY, RYSZARD. "Tendencje sylabotoniczne w liryce Mickiewicza." *Roczniki Humanistyczne*, V (1956), 242–54.

DESFEUILLES, PAUL. *Dictionnaire des rimes, précédé d'un petit traité de versification française*. Paris, 1950.

DŁUSKA, MARIA. "Anafora." *Poetics. Poetyka. Poetika*. The Hague-Warszawa, 1966, pp. 133–62.

————. "Formuła przeznaczenia (studium wiersza)," *Język Polski*, XLVI, XI–XII (1966), 321–30.

————. *O wersyfikacji Mickiewicza (Próba syntezy)*. Warszawa, 1955.

————. *Prozodia języka polskiego*, IV (Kraków, 1947).

————. *Próba teorii wiersza polskiego*. Warszawa, 1962.

————. *Studia z historii i teorii wersyfikacji polskiej.* 2v. VI, 367; V, 379. Kraków, 1948.

————. "Wiersz meliczny, wiersz ludowy," *Pamiętnik Literacki,* XLV (1954), 473–502.

———— and Kuryś, T. *Sylabotonizm.* Wrocław, 1957.

DMOCHOWSKI, FRANCISZEK KSAWERY. *Sztuka rymotwórcza.* Warszawa, 1788.

DMOCHOWSKI, F. S. *Nauka prozy, poezji i zarys piśmiennictwa polskiego w trzech częściach.* Warszawa, 1864.

DORCHAIN, AUGUSTE. *L'Art des Vers.* Paris, s.a.

DRESSE, PAUL. *Plaisir au vers (technique et rêve).* Erzanville, Fr., 1965.

DUFFY, CHARLES, and PETTIT, HENRY. *A Dictionary of Literary Terms.* Denver, 1953 (rev. ed.).

EJCHENBAUM, B. *Melodika liričeskogo stixa.* Petrograd, 1922.

ELSNER, J. *Rozprawa o metryczności i rytmiczności języka polskiego.* Część I. Warszawa, 1818.

ELVIN, LIONEL. *Poetry.* Vol. I in *Introduction to the Study of Literature.* London, 1949.

ELWERT, THEODOR W. *Traité de versification française dès origines à nos jours,* X (Paris, 1965), 211.

FEDERZONI, GIOVANNI. *Dei versi e dei metri italiani, trattazione tecnica* . . . . Bologna, 1912 (4th ed.).

FELCZAKÓWNA, HELENA. "Strofa Mickiewiczowska." In *Prace ofiarowane Kazimierzowi Wóycickiemu.* Wilno, 1937.

FELIŃSKI, ALOJZY. "O wierszowaniu," *Dzieła,* II. Wrocław, 1840.

FORMONT, MAXIME, et LEMERRE, ALPHONSE. *Le vers français. Versification poétique.* Paris, 1957.

FURMANIK, STANISLAW. "Notatka o polskiej prozie rymowanej," *Przegląd Humanistyczny,* III (1962), 95–106.

————. "O sylabotonizmie". *Pamiętnik literacki,* XLVII, 448–60.

———. *Podstawy wersyfikacji polskiej* (*Nauka o wierszu polskim*). Warszawa—Kraków, 1947.

———. *Zarys deklamatoryki.* Warszawa, 1958.

———. *Z zagadnień wersyfikacji polskiej.* Warszawa, 1956.

GIERGIELEWICZ, MIECZYSŁAW. *Rym i wiersz.* London, 1957.

GŁOWIŃSKI, MICHAŁ, OKOPIEŃ-SŁAWIŃSKA, ALEKSANDRA, and SLA-WIŃSKI, JANUSZ. *Zarys teorii literatury.* Warszawa, 1962. (Cf. pp. 132–227.)

GOLAŃSKI, FILIP NERIUSZ. *O wymowie i poezji.* Wilno, 1828.

GOŁĄBEK, JÓZEF. *Sztuka rymowania.* Lwów—Warszawa, 1939.

GRABOWSKI, TADEUSZ. *Wstęp do nauki literatury.* Lwów, 1927.

GRAMMONT, MAURICE. *Le vers français, ses moyens d'expression, son harmonie.* Paris, 1937 (4th ed.).

GRASSERIE, RAOUL DE LA. *Des principes scientifiques de la versification française.* Paris, 1900.

GRZĘDZIELSKA, M. *Rym klasyczny polski i początki rymu romantycznego.* (*Feliński i Mickiewicz do r. 1822.*) Lwów, 1935.

———. "Wiersz wolny Jana Kasprowicza w ramach polskiej wersyfikacji nieregularnej," *Pamiętnik Literacki,* XLII (1951).

GUIRAUD, PIERRE. *Zarys wersyfikacji francuskiej.* Wrocław, 1961.

HENGEL, JACQUES. *Dictionnaire des rimes françaises.* Paris, 1941.

HENRIQUEZ, UREÑA PEDRO. *Estudios de versificación española.* Buenos Aires, 1961.

HOLOFCENER, LAWRENCE (ed.). *A Practical Dictionary of Rhymes. Based on New Principles for Songwriters and other Versifiers.* New York, 1960.

HORÁLEK, KAREL. *Zarys dziejów czeskiego wiersza.* Wrocław, 1957.

HRABÁK, JOSEF. *Uvod do teorie verše.* Praha, 1956.

———. *Studie o českém verši.* Praha, 1959.

————. *Staropolský verš ve srownáni se staročeským.* Praha, 1937.

IBAÑEZ LANGLOIS JOSÉ MIGUEL. *La creación poetica.* Madrid, 1964.

INGARDEN, ROMAN. *Das literarische Kunstwerk.* Berlin, 1930.

————. *O dziele literackim.* Warszawa, 1959.

JABŁOŃSKI, J. A. *Opisanie albo Dysertacja pierwsza prawie o wierszach i wierszopisach polskich.* (*Ostafi po polsku.*) (. . .) Lwów, 1751.

JAKOBSON, ROMAN. *O češskom stixe preimuščestvenno v sopostavlenii s russkim.* Berlin, 1923.

————. "Poetyka w świetle językoznawstwa," *Pamiętnik Literacki,* II (1960).

————. *Selected Writings. IV. Slavic Epic Studies,* XII. The Hague— Paris, 1966.

KAWCZYNSKI, M. *Porównawcze badania nad rytmem i rymami. Cz. I. Teoria o pochodzeniu i rozwoju rytmiczności.* Kraków, 1916.

KAYSER, WOLFGANG. *Das sprachliche Kunstwerk. Eine Einführung in die Literaturwissenschaft.* Bern, 1948.

————. *Kleine Deutsche Versschule.* Bern, 1965 (11th ed.).

————. *Kleines literarisches Lexikon.* Bern, 1953 (12th ed.).

KEMPF, ZDZISŁAW. "Czy są dyftongi w polszczyźnie?" *Język Polski,* XL, 176–89.

KOCHANOWICZ, JAN. *Podstawy recytacji i mowy scenicznej.* Warszawa, 1961.

KOPCZYŃSKA, ZDZISŁAWA. "Wiersz epiki Mickiewicza." *Pamiętnik Literacki,* LI (1960), 105–148.

———— and PSZCZOŁOWSKA, LUCYLLA. *O wierszu romantycznym.* Warszawa, 1963.

———— and MAYENOWA, MARIA RENATA (eds.). *Sylabizm. Praca zbiorowa.* Wrocław, 1956.

———— and ————. "O dwóch typach ośmiozgłoskowca." *Pamiętnik Literacki,* LVIII (1967), 459–62.

————. "Polska strofa oktawowa". *Pamiętnik Literacki,* LIV (1963), 491–510.

KORZENIOWSKI, JÓZEF. *Kurs poezji.* Warszawa, 1829.

KRÓLIKOWSKI, JÓZEF FRANCISZEK. *Prozodia polska czyli o śpiewności i miarach języka polskiego.* Poznań, 1821.

————. "Rozprawa o śpiewach polskich z muzyką," *Pamiętnik Warszawski* (1818–19).

KRIDL, MANFRED. *Wstęp do badań nad dziełem literackim.* Wilno, 1935.

KRZYŻANOWSKI, JULIAN. *Nauka o literaturze.* Wrocław, 1966.

KURKOWSKA, HALINA, and SKORUPKA, STANISŁAW. *Stylistyka polska, zarys.* Wrocław, 1959.

KVÁTKOVSKY, A. P. *Slovar' poetičeskix terminov.* Nendeln (Liechtenstein), 1966.

LANZ, HENRY. *The Physical Basis of Rime. Essay in the Aesthetics of Sound.* Stanford, Calif.—London, 1931.

LE HIR, YVES. *Esthétique et structure du vers français d'après les théoreticiens, du XVIe siècle à nos jours.* Paris, 1956.

LESIN, V. M., and PULINEĆ, O. S. *Slovnik literaturoznavcix terminiv.* Kiev, 1965, (2nd ed.).

LEWIK, WŁODZIMIERZ. "Nowe rymy w świetle badań nad teorią istoty wartości i znaczenia dźwięków," *Pamiętnik Warszawski,* VII (1930), 85–93.

LIDDELL, MARK. *An Introduction to the Scientific Study of English Poetry Being Prolegomena to a Science of English Prosody.* London, 1902.

LORING, ANDREW. *The Rhymer's Dictionary,* with an Introduction by George Saintsbury. London, s. a.

LOTE, GEORGES. *Études sur le vers français. Première partie. L'alexandrin d'après la phonétique expérimentale.* Paris, 1913–14. 3 vols.

ŁOŚ, JAN. *Początki piśmiennictwa polskiego. (Przegląd zabytków językowych.)* Lwów, 1922.

————. *Wiersze polskie w ich dziejowym rozwoju.* Warszawa, 1920.

MARTINON, PHILIPPE. *Dictionnaire méthodique et pratique des rimes françaises précédé d'un traité de versification.* Paris, 1915 (5th ed.).

————. *Les strophes. Étude historique et critique sur les formes de la poésie lyrique en France depuis la renaissance avec une bibliographie chronologique et un répertoire général.* Paris, 1912.

MAYENOWA, MARIA RENATA. "Miejsce nauki o wierszu w literaturoznawstwie." *Z polskich studiów slawistycznych, Prace historycznoliterackie na IV Międzynarodowy Kongres Slawistów w Moskwie, 1958,* pp. Warszawa, 1958.

————. *O sztuce czytania wierszy.* Warszawa, 1963.

————. *Poetyka opisowa. Opis utworu literackiego.* Warszawa 1949.

————. (ed.). *Strofika, praca zbiorowa.* Wrocław, 1964.

MIKUTA, M. *Kultura żywego słowa.* Warszawa, 1963.

MLECZKO, S. *Serce a heksametr.* Warszawa, 1901.

MORIER, H. *Dictionnaire de poétique et de rhétorique.* Paris, 1961.

MUKAŘOWSKY, J. "Intonation comme facteur de rythme poétique." *Proceedings of Phonetic Sciences.* Amsterdam, 1932.

NICHOLS, WALLACE B. *The Speaking of Poetry.* London, 1937.

NITSCH, KAZIMIERZ. "O nowych rymach," In *Wybór pism polonistycznych,* I (Wrocław, 1954), 78–97.

————. "Z historii polskich rymów," in *Prace Towarzystwa Naukowego Warszawskiego,* I (Warszawa, 1912), and *Wybór prac polonistycznych,* I (Wrocław, 1954), 33–77.

————. *Wiersz nieregularny i wolny Mickiewicza, Słowackiego i Norwida.* (Wrocław, 1964).

OKOPIEŃ-SLAWIŃSKA, ALEKSANDRA. "Wiersz awangardowy dwudziestolecia międzywojennego (Podstawy, granice, możliwości)." *Pamiętnik Literacki,* LVI, 425–446.

PEIPER, TADEUSZ. *Tędy.* Warszawa, 1930.

PIGOŃ, STANISŁAW. "Rym Mickiewicza." *Język Polski.* XXXII (1952), 24–28.

PODHORSKI-OKOŁÓW, LEONARD. "O rymowaniu," *Skamander*, I (1925), 26–39.

———. "Zagadnienie rymowanek (Reimwörter)," *Prace ofiarowane Kazimierzowi Wóycickiemu* (Wilno, 1937), pp. 251–72.

POPIEL, B. *Przedmowa do wydania P. Metastasio Król pasterz.* Warszawa, 1780.

———. *Przedmowa do wydania P. Metastasio Wyspa bezludna.* Warszawa, 1780.

PSZCZOŁOWSKA, LUCYLLA."O wierszu dramatu Mickiewiczowskiego," *Pamiętnik Literacki*, L (1959), 517–74. *See also* KOPCZYŃSKA, Zdzistawa.

———. Z zagadnień składni w utworze wierszowanym. *Pamiętnik Literacki*, LIV (1963), 479–490.

REED, LANGFORD. *The Complete Rhyming Dictionary.* London, 1946.

REUM, ALBRECHT. *Petit dictionnaire de style à l'usage des Allemands.* Leipzig, 1953.

ROWIŃSKI, M. "Metryka polska," *Encyklopedia polska*, wyd. Akademii Umiejętności, III (Kraków, 1915).

SAWICKI, STEFAN. "Przerzutnia u Mickiewicza." *Roczniki Humanistyczne*, V (1956), 220–39.

———. "Problematyka badań nad wierszem wolnym," *Roczniki Humanistyczne*, I (1959), 5–69.

SCHLAUCH, MARGARET. *Zarys wersyfikacji angielskiej.* Wrocław, 1958.

SCOTT, A. F. *Current Literary Terms*, New York, 1965.

SHAPIRO, KARL, and BEUM, ROBERT. *A Prosody Handbook.* New York, 1965.

SHIPLEY, J. *Dictionary of World Literary Terms.* London, 1955.

SIATKOWSKI, ZBIGNIEW. "Wersyfikacja Tadeusza Różewicza wśród współczesnych metod kształtowania wiersza," *Pamiętnik Literacki*, XLIX (1958), 119–50.

SIDORENKO, HALINA. *Zarys wersyfikacji ukraińskiej.* Wrocław, 1961.

SIEDLECKI, FRANCISZEK. "O rytmie i metrze," *Skamander,* IX (1935).

———. *Studia z metryki polskiej, parts I and II.* Wilno, 1937.

SIEROTWIŃSKI, STANISŁAW. *Słownik terminów literackich. Teoria i nauki pomocnicze literatury.* Kraków, 1960.

SKWARCZYŃSKA, STEFANIA. "Początek i rozwój typu klasycznego sylabotonika na gruncie polskim," in Uniwersytet Łódzki. *Prace Polonistyczne, seria XII.* pp. 97–148. Wrocław, 1955.

SŁAWIŃSKI, JANUSZ. *Koncepcja języka poetyckiego awangardy krakowskiej.* Wrocław, 1965.

SLOWACKI, EUZEBIUSZ. "Uwagi nad rymowaniem polskim," *Dzieła,* II (Wilno, 1826).

SMITH, G. E. *Dictionary of Literary Terms.* Ames (Jova), 1957.

SPRINGHETTI, AEMILIUS. *Latinitas perennis. VI. Lexicon Linguisticae et philologiae.* Roma, 1962.

SUBERVILLE, JEAN. *Histoire et théorie de la versification française.* Paris, 1956 (new ed.).

SZCZERBOWSKI, ADAM. "Dziesięciolecie asonansu," *Ruch Literacki,* Warszawa (1929), 193–203.

THOMAS, LUCIEN-PAUL. *Le vers moderne, ses moyens d'expression, son esthétique.* Académie Royale de Langue et de Littérature Françaises de Belgique, *Mémoires,* Vol. XVI. Bruxelles, 1943.

TIMOFEEV, L. *Očerki teorii i istorii russkogo stixa.* Moskva, 1958.

——— and VENGROV, H. *Kratkij slovar' literaturovedčeskich terminov.* Moskva, 1955.

TOMAŠEVSKIJ, B. V. *Stilistika i stixoslozhenie.* Leningrad, 1959.

TRZYNADLOWSKI, JAN. "Rymotwórcza funkcja akcentu w wierszu staropolskim," *Prace Polonistyczne, seria XII,* pp. 71–95. Wrocław, 1955.

TURSKA, HALINA (ed.). *Słownik rymów Stanisława Trembeckiego.* Praca zespołowa Sekcji Językoznawczej Koła Polonistów oraz Pra-

cowników Katedry Filologii Polskiej Uniwersytetu M. Koper
nika w Toruniu. Toruń, 1961.

TUWIM, JULIAN. *Pegaz dęba.* Warszawa, 1950.

UNBEGAUN, B. O. *Russian Versification.* Oxford, 1956.

UREÑA, PEDRO HENRÍQUEZ. *Estudios de versificación española.* Buenos
Aires, 1961.

VESELOWSKI, A. N. *Istoričeskaya poetika.* Leningrad, 1940.

VOLLINGER, HERMAN. *Kleine Poetik. Eine Einführung in die Formenwelt
des Dichtung.* Frauenfeld, 1964.

WALKER, J. *The Rhyming Dictionary of the English Language,* revised
and enlarged by LAWRENCE H. DAWSON. London—New York,
1916 (7th ed.).

WAŻYK, ADAM. *Mickiewicz i wersyfikacja narodowa.* Warszawa, 1954
(2nd ed.).

WEINTRAUB, WIKTOR. *Styl Jana Kochanowskiego.* Kraków, 1932.

WILPERT, GERO VON. *Sachwörterbuch der literatur.* Stuttgart, 1955 (2nd
ed.).

WINDAKIEWICZOWA, H. *Studia nad wierszem i zwrotką poezji polskiej
ludowej. Rozprawy Wydz. Fil. Akademii Umiejętności,* vol. LII.
Kraków, 1913.

WITKOWSKI, MICHAŁ. "Rytm—rym," *Język Polski,* XXXIV (March–
April 1954), p. 130.

WOOD, CLEMENT. *Wood's Unabridged Rhyming Dictionary,* Introduction
by Ted Robinson. Cleveland—New York, 1943.

WORONCZAK, JERZY. "Z badań nad wierszem Biernata z Lublina."
Pamiętnik Literacki, XLIX, 97–116.

WORONCZAK, JERZY (ed.). *Wiersz. Podstawowe kategorie opisu. Część I.
Rytmika.* Praca zbiorowa. Wrocław, 1963.

WÓYCICKI, KAZIMIERZ. *Forma dźwiękowa prozy polskiej i wiersza polskiego.*
Warszawa, 1960 (new ed.).

———. *Polski ośmiozgłoskowiec trocheiczny.* Warszawa, 1916.

Ważyk, Adam. *Esej o wierszu.* Warszawa, 1964.

――――. *Rytm w liczbach.* Wilno, 1938 (Z zagadnień poetyki, No. 7.).

Wyka, Kazimierz. "Dwa razy Różewicz." In *Rzecz wyobraźni,* (Warszawa, 1958), pp. 394–412.

Zawodziński, K. W. *Metryka szczegółowa* (Part II of *Studia z wersyfikacji polskiej*). Wrocław, 1954.

――――. *Zarys wersyfikacji polskiej,* cz. I. Wilno, 1936.

Zgorzelski, Czesław. "O sylabotonizmie." *Pamiętnik Literacki,* XLVII, 496–99.

Zhirmunskij, Viktor. *Rifma, jejo istoria i teoria.* Petrograd, 1921.

――――. *Voprosy teorii literatury.* Stat'i 1916–1926. 'S- Gravenhage, 1962.

――――. *Vvedenie v metriku. Teoria stixxa.* Leningrad, 1925.

Index of Names

Index of Subjects